大手笔
是训练出来的

如何练，妙笔才生花　　怎样写，领导才点赞

叶舟◎著

立信会计 出版社
LIXIN ACCOUNTING PUBLISHING HOUSE

图书在版编目（CIP）数据

大手笔是训练出来的/叶舟著.--上海：立信会计出版社，2017.5

（去梯言）

ISBN 978-7-5429-5418-3

Ⅰ.①大… Ⅱ.①叶… Ⅲ.①秘书－公文－写作

Ⅳ.①H152.3

中国版本图书馆CIP数据核字（2017）第064259号

策划编辑　蔡伟莉

责任编辑　蔡伟莉　张　寻

封面设计　久品轩

大手笔是训练出来的
DASHOUBI SHI XUNLIAN CHULAIDE

出版发行	立信会计出版社		
地　　址	上海市中山西路2230号	邮政编码	200235
电　　话	（021）64411389	传　真	（021）64411325
网　　址	www.lixinaph.com	电子邮箱	lxaph@sh163.net
网上书店	www.shlx.net	电　话	（021）64411071
经　　销	各地新华书店		

印　　刷	北京楠萍印刷有限公司	
开　　本	720毫米×1000毫米	1/16
印　　张	18.25	
字　　数	279千字	
版　　次	2017年5月第1版	
印　　次	2017年5月第1次	
书　　号	ISBN 978-7-5429-5418-3/H	
定　　价	38.00元	

前　言
Preface

　　秘书是领导的左右手，是领导的"贴心小棉袄"，是领导的决策参与者，是领导的思想代言人。

　　秘书，最重要的是"书"，即书面表达能力，也就是写作能力。秘书的工作就是办文，办会，办事。办文就是要学会写文章，各类文种的写作。一个称职的秘书，必须具备各方面的能力，其中文字表达能力则是最重要、最基本的。文字表达能力是秘书工作人员的基本功，是秘书的"看家"本领。可以说，"笔杆子"就是秘书的"命根子"，写作能力是成就秘书一生的关键力量。

　　不少秘书在写作工作中，常常苦恼写不出让领导满意的文章，提笔时感到无从下手，有时搜肠刮肚、绞尽脑汁也写不出多少东西，一旦遇到领导交办的紧急重要的写作任务，就显得捉襟见肘、力不从心，写出来的文稿难以达到领导的要求。于是不禁感叹那些"大手笔们"一挥而就、一气呵成的写作能力，将他们的写作能力归结于他们的写作天赋。

　　事实果真如此吗？不妨先听听那些文学大师的声音。俄国作家列夫·托尔斯泰说过："天才的十分之一是灵感，十分之九是血汗。"鲁迅则说："文章应该怎样做，我说不出来，因为自己的作文，是由于多看和练习，此外并无心得或方法的。"叶圣陶也说："要把写作的手腕训练到熟练，必须常常去写，规规矩矩去写。"这说明平时的训练是提高写作能力和写作水平的唯一捷径。"大手笔"不是天生的，是通过勤学苦练训练出来的。

秘书提高写作水平并非一件轻而易举的事情，不是一朝一夕就可以成就的，需要持之以恒，坚持不懈地训练、写作，方能聚沙成塔。那么，秘书人员该如何做才能提高写作水平，达到妙笔生花、下笔即成章呢？

积累素材是秘书写作训练的第一课。"巧妇难为无米之炊"，再巧的妇人也做不出没有米的饭。秘书公文写作也是如此，这里"米"就是公文中不可缺少的素材。公文写作离不开素材，资料是否齐全，是否有用，关系到公文能否完成得出色。秘书要在平时养成善于观察与思考生活的习惯，多阅读报纸、杂志，多看新闻、网络消息，掌握国内外热点信息，将自己的所见、所闻、所读、所感都记录下来，形成文字材料。这样，写作时就不愁没有东西可写，下笔自然就滔滔不绝了。

要注重语言的修炼。有人以为，只有文学创作才讲究炼字炼词，秘书实用文不必那么认真，这种看法显然是不对的，写实用文同样要精心锤炼词语，做到"字字珠玑"。秘书要努力提升语言素养，从词汇、语法、修辞、逻辑等方面下功夫，提高遣词造句的能力，使自己创作的文稿语法完备、句子通顺，富于表现力和说服力。

勤练"手中笔"，多练多写是秘书提高写作能力最关键的一环。勤能补拙，熟能生巧，要想写出一手好文章，就需要不断且有效地练笔。在平时的工作和生活中要从多方面锻炼自己的文字表达能力，多写日记、读书笔记、书评影评、调查报告、总结、简报等，写得多了，驾驭语言文字的能力也就提高了，天长日久，就会发现自己的写作水平有很大的提高。

修改是提高写作水平的有效途径。在公文写作中，"鸡蛋里挑骨头"是必不可少的，它可以使公文更加完善。所谓公文，都是"三分写，七分改"，多修改自己的文章，可以使公文更加完美。

熟知各种公文的写作格式和技巧。秘书写作不像学生作文、文学创作，可以即兴抒情、大发议论，而是有其特定的写作形式。秘书写作是"奉命作文，代人立言"，因此写作前要多了解各种公文文体的写作格式、写作技巧、注意事项，多阅读上级的重要文件和领导讲话，充分把握领导的相关要求，才能写出得体、合乎要求的公文。

《大手笔是训练出来的》是一部体例完整、内容丰富、有着鲜明时代特色的秘书写作训练指导手册，针对秘书工作，结合当前秘书行业的发展现状，从高层到基层、从政务到商务，层层深入、循序渐进地讲解秘书写作的方式、方法，以及各级各类秘书公文写作的格式、技巧。既有众多方法解析，也有大量范例参考，引导广大秘书进行"实战演练"，夯实写作基础，实现从"烂笔头"到"大手笔"的飞跃。

"常看胸中无本，常写笔下生花"。"大手笔"不是梦，你也可以！

目　　录
Contents

上篇　练好写作力，练就大手笔

第一章　大手之笔，始于笔下 2

为什么写——秘书实用写作主题 2

秘书怎样起好实用文主题 4

写什么——秘书实用写作材料 5

秘书从哪里获取写作材料 6

怎么写——秘书实用写作结构 7

怎样组织秘书实用文结构 8

凤头——秘书实用文开头 9

猪肚——秘书实用文正文 10

豹尾——秘书实用文结尾 10

第二章　大手笔不是天生的，是训练出来的 12

秘书不仅是通才，还应是专才 12

打好写作基本功 13

语言练到家，妙笔自生花 14

文章不厌千回改 16

修改什么，怎样修改 17

秘书修改文章的常用方法 19

"咬文嚼字"是秘书的日常功课 21

专门用语的专门用法 23

第三章　怎样写好行政公文 25

什么是行政公文 25

行政公文的格式有哪些讲究 26

行政公文眉首是指什么 26

行政公文主体由哪些要素构成 28

行政公文版记 30

行政公文制作要领 31

下篇　大手笔是这样炼成的：公文写作实战训练

第四章　怎样写好指挥性公文 36

什么是命令（令） 36

什么是决定 37

什么是批复 38

什么是意见 38

命令的格式及写作要领 39

决定的结构及写作要领 40

批复的写作要求 41

意见的结构及写作要领 42

第五章　怎样写好报请性公文 47

什么是报告 47

什么是请示 48

什么是议案 48

报告的格式及写法 49

请示的格式及写法 50

议案的结构是怎样的 51

议案写作要注意什么 52

第六章　怎样写好知照性公文 57

　　什么是公告 57

　　什么是通告 58

　　什么是通知 59

　　什么是通报 59

　　什么是函 60

　　怎样拟写公告结构 61

　　公告写作要注意什么 61

　　怎样拟写通告结构 62

　　通告写作有什么要求 63

　　怎样拟写通知结构 64

　　几种常用通知的写作技巧 65

　　怎样拟写通报结构 66

　　通报写作需要注意什么 67

　　怎样拟写函结构 68

　　函的写作有什么要求 69

　　报告、请示、函有什么区别 69

第七章　怎样写好新闻 76

　　什么是新闻 76

　　怎样起新闻的标题 77

　　怎样写新闻的导语 78

　　几种常用新闻导语的写法 79

　　怎样写新闻的主体 80

　　怎样写新闻的背景 81

　　给新闻结个好"尾" 82

　　新闻写作的三大原则 84

第八章　怎样写好消息 86

　　什么是消息 86

大手笔是训练出来的

消息的三大结构类型 86
消息写作标准及技巧 87
怎样给消息起个好标题 88
怎样写出精彩的消息导语 90
怎样写消息主体 91
怎样写消息背景 92
消息怎样结尾 93

第九章　怎样写好信息 96
什么是信息 96
信息由哪几部分构成 97
从哪里获取信息 99
信息的写作技巧 100
几种常见信息的写作要领 101
不要把信息与消息搞混淆了 103

第十章　怎样写好通讯 105
什么是通讯 105
通讯的结构包括哪些 106
提炼通讯灵魂——主题 107
通讯选材要典型生动 108
精心安排通讯主体结构 108
通讯表达方式要灵活多样 109

第十一章　怎样写好解说词 114
什么是解说词 114
解说词结构要井然有序 115
抓住事物的本质解说 116
联系事物的功能解说 117
形式不同的解说词的写作要求 118

第十二章　怎样写好板报与墙报 121

什么是板报、墙报 121

板报、墙报写作标准 122

评论写作小技巧 122

报道写作小技巧 123

小知识的刊登 124

资料摘录的刊登 124

第十三章　怎样写好发刊词 127

什么是发刊词 127

发刊词由哪几部分构成 127

发刊词写作有什么要求 128

第十四章　怎样写好演讲词 131

什么是演讲词 131

一篇演讲词由哪些要素构成 132

演讲词写作有什么要求 133

第十五章　怎样写好开幕词 137

什么是开幕词 137

一篇开幕词由哪些要素构成 137

开幕词的写作有什么要求 139

第十六章　怎样写好闭幕词 141

什么是闭幕词 141

一篇闭幕词由哪些要素构成 142

闭幕词的写作有什么要求 142

第十七章　怎样写好欢迎词 145

什么是欢迎词 145

欢迎词格式及写作要点 146

第十八章　怎样写好欢送词..........................149

什么是欢送词...149

欢送词的格式及写作要点...............................149

第十九章　怎样写好会议记录..........................152

什么是会议记录.......................................152

一份会议记录由哪些要素构成...........................152

会议记录的写作有什么要求.............................153

第二十章　怎样写好会议纪要..........................156

什么是会议纪要.......................................156

一份会议纪要由哪些要素构成...........................156

会议纪要的三种写法...................................157

会议纪要的写作有什么要求.............................158

会议记录与会议纪要有什么不同.........................159

第二十一章　怎样写好推荐信..........................161

什么是推荐信...161

推荐信的结构及写作要点...............................161

推荐信写作的注意事项.................................162

第二十二章　怎样写好慰问信..........................165

什么是慰问信...165

慰问信的结构及写作要点...............................166

第二十三章　怎样写好表扬信..........................170

什么是表扬信...170

表扬信的结构及写作事项...............................170

第二十四章　怎样写好感谢信..........................173

什么是感谢信...173

感谢信的结构及写作事项...............................174

第二十五章　怎样写好市场调查报告........................177

什么是市场调查报告.......................177

市场调查报告标题怎样起.......................177

市场调查报告导语怎样拟.......................178

市场调查报告主体怎样写.......................179

市场调查报告结尾怎样结.......................180

"没有调查就没有发言权".......................180

整理分析市场调查材料.......................181

撰写市场调查报告三要点.......................182

撰写市场调查报告"十忌".......................183

第二十六章　怎样写好意向书........................187

什么是意向书.......................187

意向书的结构是怎样的.......................188

意向书的写作要求.......................189

第二十七章　怎样写好项目建议书....................191

什么是项目建议书.......................191

项目建议书的内容包括哪些.......................192

项目建议书的结构是怎样的.......................193

项目建议书的写作要求.......................194

第二十八章　怎样写好招商文案....................198

什么是招商文案.......................198

招商文案的结构是怎样的.......................199

招商文案的写作要求.......................199

第二十九章　怎样写好策划方案....................205

什么是策划.......................205

什么是 CI 策划.......................206

什么是专题活动策划.......................207

策划方案的内容包括哪些 ……………………… 209

撰写 CI 策划方案步骤一：市场调查 …………… 210

撰写 CI 策划方案步骤二：分析资料 …………… 212

撰写 CI 策划方案步骤三：拟订方案 …………… 212

撰写 CI 策划方案步骤四：撰写报告 …………… 213

专题活动策划方案的基本步骤 ………………… 214

第三十章　怎样写好商业授权委托书 ………… 221

什么是商业授权委托书 ………………………… 221

商业授权委托书的格式是怎样的 ……………… 222

商业授权委托书的写作要求 …………………… 223

第三十一章　怎样写好公约 …………………… 225

什么是公约 ……………………………………… 225

公约的三大主体及其写法 ……………………… 226

公约写作注意事项 ……………………………… 226

第三十二章　怎样写好守则 …………………… 229

什么是守则 ……………………………………… 229

守则的三大部分及其写法 ……………………… 229

第三十三章　怎样写好协议书 ………………… 232

什么是协议书 …………………………………… 232

协议书的三大部分及其写法 …………………… 233

协议书写作注意事项 …………………………… 233

第三十四章　怎样写好倡议书 ………………… 239

什么是倡议书 …………………………………… 239

倡议书的格式及写作要点 ……………………… 240

第三十五章　怎样写好祝词 …………………… 244

什么是祝词 ……………………………………… 244

祝词的格式及写作要点 · 245

第三十六章　怎样写好悼词 · · · · · · · · · · · · · · · · · · 248
什么是悼词 · 248
悼词的格式及写作要点 · 249

第三十七章　怎样写好唁电 · · · · · · · · · · · · · · · · · · 252
什么是唁电 · 252
唁电的格式及写作要点 · 253

第三十八章　怎样写好贺信 · · · · · · · · · · · · · · · · · · 255
什么是贺信 · 255
贺信的格式及写作要点 · 256
贺信写作要注意什么 · 257

第三十九章　怎样写好邀请函 · · · · · · · · · · · · · · · · 259
什么是邀请函 · 259
邀请函的格式及写作要点 · 260

第四十章　怎样写好请柬 · 262
什么是请柬 · 262
请柬的格式是怎样的 · 263
请柬语言的写作要求 · 263
请柬写作的注意事项 · 264

附一　秘书公文写作格式标准总例 · 267
附二　常用校对符号一览表 · 272

上 篇
练好写作力，练就大手笔

第一章
大手之笔，始于笔下

为什么写——秘书实用写作主题

秘书实用写作概念的最早使用是在宋代。欧阳修《免进五代史状》（1060年）说："自忝窃于科名，不忍忘其素习，时妄作，皆秘书实用写作字。"他在《辞副枢密与两府书》（1064年）又说："少本无于远志，早迫逮亲之禄，学为应用之文。"

苏轼在《答刘巨济书》中说："仆老拙百无堪，向在科场时，不得已作应用文。"这里"实用写作"指科举应试文章，可获取功名，含有"应用"之意。

清代刘熙载的《艺概·文概》中说："辞命体，推之可为一切应用之文。应用文有上行，有平行，有下行，重其辞乃所以重其实也。"这里的"秘书实用写作"很显然是指公务文书。其后的徐望之在《尺牍通论》中说："有用于周应人事者，若书札、公牍、杂记、序跋、箴铭、颂赞、哀祭等类，我名之曰：'应用之文'。"而这里所说的"秘书实用写作"则主要是指私人事务文书。

秘书不论写什么形式的实用文，都要明确三点：首先，为什么写；其次，写什么；再次，怎么写。"为什么写"与文章主题密切相连；"写什么"要求有相关的材料；而"怎么写"则与结构和语言有关。前两个问题和文本内容相关，后一个问题与文章形式相关。可见，了解文章的构成要素对于写好实用文至关重要。

秘书实用写作都有明确的目的性，或为了阐明自己的主张、观点意图，或为了下达政策、布置工作、通知具体事项，或为了传递信息、交流思想、总结经验。而文章的主题，就是这种目的性的集中体现。

主题与我国古文中所说的意、义、主意、旨、理、主旨、主脑的含义大致相同，是指通过文章的全部内容表达的核心思想或基本观点。

不同的文体对主题有不同的提法。在新闻和文学作品中一般用"主题"，在理论文章中通常称为"基本观点"或"中心论点"，在说明性的文章中叫作"说明中心"，在公文中则称为"主旨"。

王夫之说："意犹帅也，无帅之兵，谓之乌合。"这里的"意"，就是我们所说的主题。清代学者李渔的《闲情偶记》中也提到："古人作文一篇，定有一篇之主脑；主脑非他，即作者立言之本意也。"李渔的"主脑"，也是指主题。主题是文章的灵魂和统帅，决定文章的质量。主题在文章写作中的作用，主要表现在以下几个方面。

1. 主题决定内容的取舍

写作时，面对搜集到的众多材料，如何取舍，如何处理详略，都必须服从主题的需要，与主题无关的材料要学会舍弃，能够突出主题的材料要集中笔力写好。

2. 主题支配文章的结构

结构是为表达主题服务的。段落层次的设计，开头结尾的安排，过渡照应的运用，都必须遵循突出主题的原则，离开了主题，再好的结构也会毫无意义。

3. 主题制约语言的运用

语言是表达主题的外在形式和工具。写作时，遣词造句、表达方式的选择都应该受到主题的制约。实用文体的主题都非常明确，应该根据不同文种的要求，按照写作目的、收文对象、行文规范去选择语言形式，以便发挥应有的作用。

秘书怎样起好实用文主题

秘书实用文体的主题形成，往往是"意在笔先"，即根据撰写目的而确定，根据撰写目的搜集材料、占有材料和选择材料，根据撰写目的确定文体。秘书实用文体对主题的要求是：正确、鲜明、集中、深刻。

1. 正确

主题正确是撰写实用文的基本要求。所谓正确，是指确立的主题符合党和国家的路线、方针、政策、法令、法规；符合客观事物的发展规律，反映出客观事物的本质和内部联系。实用文大多是为了宣传企事业单位的计划政策、协助领导指导实际工作，如果主题错误，会给企事业单位带来巨大损失。

2. 鲜明

主题鲜明是指观点必须明确。赞成什么，反对什么；应该怎样做，不应该怎样做；解决什么问题，如何解决，达到什么目的，都必须态度鲜明，表述得清楚、明白，绝不能模棱两可、含糊其辞。文艺作品所讲究的曲折与含蓄，恰恰为实用文所排斥。为此，就要求秘书具有清醒的头脑，思路清晰、认识敏锐、见解中肯。如果撰写者本人处于似是而非的状态，就不可能写出主题鲜明、思路清晰的实用文。

3. 集中

主题集中是指一篇文章只能有一个中心。刘熙载曰："立意要纯，一而贯摄。"（《艺概·经义概》）就是这个意思；"文主于意，意多乱文"（魏际瑞《伯子论文》）也告诉我们，文章主题不能分散紊乱，只有这样，文章的思想意图才可以突出，才便于读者掌握。实用文是为解决实际问题而写的，要求围绕一个中心把问题说透，要坚持一事一文的原则，不要试图在一篇文章里表述很多意图，也不要在一篇文章里使用许多与主题无关的材料，使主题分散、凌乱。有些综合性的工作总结，虽然要写几件事情，但要抓住事物的主要矛盾，抓住共性，做到重点突出，主题集中。

4. 深刻

主题深刻是指文章的主题要有思想深度，要揭示事物的本质及其内部规律。尤其是撰写决定、意见、总结和调查报告等比较重要的实用文，更要求主题深刻，要善于抓住主要矛盾，发掘具有本质性和倾向性的问题，提炼出规律性的认识和可行的措施。要达到这个要求，秘书必须对材料反复思考，深入挖掘，才能独具慧眼，见解独到。元代戴师初说过："凡作文发意，第一番来者，陈言也，扫去不用；第二番来者，正语也，停止不可用；第三番来者，精意也，方可用之。"如果确立"陈言"和"正语"为主题，那文章的主题就是肤浅的，只有发掘"精意"才能确立深刻的主题。

除了以上要求，实用文的主题还应该做到新颖。虽然实用文的主题不可能随意而定，但也可注重反映时代特征，反映生活中的新人、新事、新经验、新观念，这样可以做到发前人所未发，言前人所未言。

写什么——秘书实用写作材料

秘书实用文的主题需要通过适当的材料表现出来，俗话说："巧妇难为无米之炊。"没有必要的材料，再好的主题也无法表达。

所谓材料，是指作者为了撰写目的搜集或积累的能够表现文章主题的事实或论据，包括人物、事件、景物、情理、数据、例证、名言等。凡为写作所搜集到的一系列事实和事理，都称为材料。材料是支撑实用文的基础，是形成主旨的依据。没有材料为基础，难以形成观点，更难以产生深刻的思想或看法。所谓"言之有物"，这"物"指的就是材料。

材料是文章写作的基础，没有充分的材料，文章就会空泛，缺乏生命力。材料的重要作用主要表现在以下几个方面。

1. 材料是主题确立的基础

材料是文章的内容，主题是文章的灵魂。但是，主题不能凭空产生，只能在研究分析材料的基础上形成，缺乏材料，再正确、深刻的主题也没有办法树立起来。所以，对搜集到的材料，作者都应该认真研究分析，吃透材料内涵，才能提炼出有价值的新颖的深刻的主题。

2. 材料是主题表达的手段

我们常常可以用简单明了的语句来概括主题。但在文章中，主题不可能孤立存在，它必须依附在一定的材料上，通过材料体现出来，也必须通过一定的材料才能够深入、升华。

3. 材料是制约结构的因素

结构和语言是文章的外形，必须服从内容表达的需要。结构的主要任务之一是组织材料，反过来材料又对结构的布局产生影响和制约作用。比如，写议论性的文章，论题小，就不需要很大的框架；如果是比较复杂的论题，则需要更多的材料，需要对材料进行分类研究，文章的结构也就相对复杂。所以，实用文章的写作也和一般文章一样，要"看料裁衣"。

秘书从哪里获取写作材料

在写作之前，秘书要尽可能广泛地占有材料，要有一种"竭泽而渔"的功夫，这种占有包括：一是材料的数量要多，搜集材料要越多越好，多多益善；二是材料的品类要全，这里的"全"指应当包括各种各样的材料，包括历史的、现实的，正面的、反面的，点上的、面上的，等等。

那么，秘书如何才能详尽地占用写作材料呢？可从以下途径着手。

1. 查阅文献

查阅文献包括读书看报、翻阅档案等，这些资料的搜集或积累对写作有很高的借鉴和参考价值。

2. 深入调研

秘书要通过调查获取第一手材料，深入研究，发现规律，才能找出解决方法。没有调查就没有发言权，撰写实用文，尤其是公务文书、财经文书，更应该注重调查研究，还有那些涉及国计民生、学术研究、经济管理的实用文，必须要先调研而后撰文。

3. 学习积累

荀子在《劝学》中说："不积跬步，无以至千里；不积小流，无以成江海。"

这句话强调了学习积累的重要性。撰写实用文，需要秘书掌握多方面的知识。因此，平时必须注重学习，注重积累，遇到问题才能有针对性地解决。

怎么写——秘书实用写作结构

如果说主题是文章的灵魂，材料是文章的血肉，那么，结构就如同文章的骨架。确定了主题，选择好材料以后，就应该考虑如何按照主题的需要去组织安排材料。

结构一词原是建筑学术语，指建筑物的整体布局和内部构造。

清代文学理论家李渔把写作比为"工师之建宅"，"何处建厅，何处开户，栋需何材，梁用何木，必俟成局了然，始可挥斤运斧。"（《闲情偶记》）写文章如同盖房子，确定了建筑目标，有了砖瓦木石等建筑材料，如果没有设计图，不能精心按图施工，那也无法盖成高楼大厦。

现在人们常把文章的结构称为"谋篇布局"，即对文章的开头、转承、铺垫、呼应、过度等进行周密的策划。

主题可以使文章"言之有理"，材料可以使文章"言之有物"，结构则使文章"言之有序"。实用文的结构是将观点、内容与形式进行有机组合的骨架，有了严密的结构才能形成一篇完整的文章。如果没有合理的结构，即使主题正确、深刻，材料丰富、典型，也不能成为一篇好文章。

秘书实用文结构的写作需要遵循以下原则。

1. 要服从主题表达需要

主题是文章的灵魂，起着统率作用。不仅选择、使用材料应根据主题需要而定，结构也必须服从主题需要，为表达主题服务，这样才能达到严谨缜密的效果。

2. 要适应不同文种的特点

文章体裁不同，其结构也不同。如诗歌分行分节，戏剧分幕分场，记叙文线索分明，情节完整。而实用文体在长期写作实践和使用过程中，形成了许多比较固定的格式，如公文一般要由标题、发文字号、秘密等级、紧急程度、

主送机关、标题、正文、附件、发文时间、用印、附注、主题词、抄送机关等要素组成；新闻的结构是"倒金字塔"式的。作为秘书，在考虑结构的时候，如果不考虑这些格式要求，写出来的文章就会不伦不类。

3.要恰当地反映客观事物内部的本质联系

文章是现实生活和客观事物的反映，因此，文章的结构必须反映现实生活和客观事物内部的联系和规律，只有这样，文章内容材料的安排才有逻辑性，才能反映文章的主旨，达到行文的目的。记叙性的实用文，如通讯和某些调查报告，需要按事件发生发展的过程或调查过程来安排结构；论说性的实用文，如学术论文，则要通过绪论、本论、结论三大部分来提出问题、分析问题、解决问题；而那些指令性、法规性的公文，则是先说目的意义，再提出具体要求。

怎样组织秘书实用文结构

结构是文章的骨架，骨架建立了，文章才能成型。对于秘书实用文也是如此。秘书实用文不同于其他文体，有着自身的特殊结构。不论哪种类型的实用文，秘书都应组织好结构，这样才能为正式写作奠定基础。

1.严谨自然

严谨，是指结构精当、周密；自然，是指结构安排顺理成章。严谨自然是指文章中层次段落的划分恰当，组织严密，联系紧凑，脉络畅通。要做到这一点，就要求秘书思路清晰，思维严密。

2.完整匀称

完整匀称，是指文章各部分要齐全、协调、得当。一般来讲，实用文的正文都有开头、主体、结尾三大部分，任何一部分都不能缺少，不能残缺不全。三部分的比例要协调，不能虎头蛇尾，也不能有头无尾或无头无尾，各部分内部比例也要协调，要处理好详略关系。

3.清晰醒目

实用文要求主题鲜明，清晰醒目，便于领导理解和贯彻执行。如工作报告、会议纪要等陈述性文体，要求有头有尾，连贯完整；行政法规、合同和协议书等文体，则常用条款式和表格式结构。

凤头——秘书实用文开头

秘书实用文的开头要开宗明义，正文要言之有物、层次分明，结尾要收束有力。

开头和结尾在文章中占着非常重要的地位，有着特殊的功用，元代乔梦符有"凤头、猪肚、豹尾"之说，明代谢榛也说"起句当如爆竹，骤响易彻，结句当如撞钟，清音有余"。这些都强调了开头和结尾在文章结构中的地位。

开头是全篇的起笔，可以起到统领全篇的作用。秘书实用文需要在开头书写导语，开门见山地提出要点，在开端处用极简要的语句说明全文的目的或结论。实用文常用的开头方式有以下几种。

1. 主题式

主题式开头在文章开端，以简要文字揭示实用文的主题，引导领导继续阅读。

2. 目的式

目的式开头对撰写的理由、目的做简明的交代，以帮助领导理解实用文的内容。请示、报告一般写明理由，指示、决定、批复一般说明根据，规章制度则说明目的。

3. 概述式

概述式开头概述一般情况，如总结报告、综合报告，一般先概述某一时间、某一方面工作的基本情况；会议纪要、调查报告，则首先要介绍会议与调查的时间、地点、范围及规模等。

4. 提问式

提问式开头将文中需要回答的问题在文章开头以提问的方式明确地提出来，可以达到提起注意、开门见山的效果。

除了以上方法，还有阐明观点式、致意式等多种开头方式，在实际应用时，

要根据全文内容的表达需要、结构安排的需要来决定。无论使用何种方式开头，实用文都要求开头尽快入题，切忌下笔千言，离题万里。

猪肚——秘书实用文正文

正文是秘书实用文的主体,应当内容完整,详尽得当,语言精练,条理清晰,并且层次分明,段落整齐。

层次，又叫意义段，是实用文思想内容表现的次序。为了说明实用文的主题，需要设若干分观点，用一个层次表述一个分观点，然后安排好各个层次，各个分观点就形成了实用文的主题。实用文的层次实际上是秘书的思路在文章中的体现，文章中先写什么，后写什么，按什么顺序安排内容，才能突出主旨的表达，使文气贯通，都是安排层次要周密考虑的。

每个层次的分观点要具有相对的完整性；层次的划分要前后有序，条理清楚，可以按照事物发展的时间来安排，也可以根据事物的空间来安排，还可以按照事物的功能和特征的主次来安排，按照文章的逻辑关系来安排。

段落，是指实用文中能够表达一个完整意思而又相对独立的基本构成单位，即通常所说的自然段，是行文时由于转折、间歇和强调等情况而自然形成的分隔、停顿。

秘书实用文体分段的作用是能够有逻辑性地表现领导的思维过程，反映文章内容的内在逻辑层次，还可以使文章眉目清楚，便于领导把握、理解、思索和回味。

豹尾——秘书实用文结尾

古人称为"收笔"。结尾是全文的收束和结局，结尾和开头一样重要，好的文章结尾可以加深读者印象，提高认识。秘书实用文的结尾一般要与开头相呼应，常见的表述方式有以下几种。

1. 总结式

总结式结尾在结尾部分对全文做出总结，以概括的语言点明主题。

2. 强调式

强调式结尾以简要文字表示具体要求，再次强调行文目的，如"上述报告，如无不妥，请批转……"

3. 号召式

号召式结尾发出号召，明确要求，如"以上规定，望遵照执行"。

4. 展望式

展望式结尾提出对未来的设想，并寄托希望。

5. 规定式

规定式结尾常用于一些有具体规定格式的文种，如合同等契约类文件，这些文种的结尾写法比较固定、规范，不能随意更换。

秘书实用文结尾的方式很多，要根据文章内容和文种特点采取不同方式，要有具体针对性。结尾部分不能草草收场，敷衍了事，也不能拖泥带水，画蛇添足，要做到简洁有力，言简意赅。

第二章
大手笔不是天生的，是训练出来的

秘书不仅是通才，还应是专才

秘书由于自身工作的特殊性，平时要撰写各类体裁的实用文，文体类型不同，其内容形式及写作方法也各不相同。这就要求秘书具有较高的文化素养和丰富的知识结构，不仅要熟悉自己所在行业的专业知识，成为"专才"，还要掌握其他领域的知识，做到博览群书，博闻广识，成为"通才"。

1. 广博的知识视野

秘书的思想深度和理论水平对写作具有特殊的意义。秘书思想深度和理论水平的高低对实用写作具有直接而决定性的影响。思想深度的核心部分是世界观和方法论，它影响和制约着人的信仰、观点、品德、节操等。而理论水平则体现为对客观事物进行鉴别、分析的能力，对思想观念进行概括、抽象的能力。秘书的思想深度和理论水平直接决定着实用文的立意，立意是实用文的灵魂，是一篇文章的纲，所以，秘书实用文主旨的深刻、新颖与否，主要来自于秘书的思想深度和理论水平，这对文书写作是至关重要的。

秘书要提高思想深度和理论水平，必须加强学习各种知识，广泛涉猎各类领域知识，举凡哲学、历史、文学、艺术、音乐、绘画、法律等方面的知识都可以拓宽自己的知识面，开阔自己的视野，提升自己的思想境界和对人生、社会的认识。每一种知识都有助于熏陶个人的情操，提高个人的修养，正如培根所说的："读史使人明智，读诗使人灵秀，数学使人周密，科学使人深刻，伦理学使人庄重，逻辑修辞使人善辩，凡有所学，皆成性格。"

秘书应当在平时努力学习各学科知识，不仅学习人文科学知识，还要学习自然科学知识，做到博览群书，博闻广识，这样才可能提高自己的综合素养，为以后的写作打下良好的基础。

2. 专业的知识结构

许多门类的实用文专业性强，常常与相关专业、相关业务有密切联系。所以，秘书从事某个方面的实用文写作，必须懂得乃至精通那个方面的专业知识，专业知识是写好实用文的重要条件之一。例如经济类写作必须具备经济学方面的知识，司法类写作必须具备法律方面的知识。签订合同，撰写广告词，也必须熟悉有关的业务。如果撰写有关股份制方面的文书，秘书对股份制方面的专业知识缺乏研究，尽管有很高的写作水平，要写好股份制方面的文书也是非常困难的。

打好写作基本功

实用文写作本质上是一种写作行为，它要求秘书必须具备相当的写作能力。美国社会预测学家约翰·奈斯比特在其《大趋势——改变我们生活的十个方面》一书中指出，在由工业社会向信息社会过渡中，有五件最重要的事，其中第三件事是："在这个文字密集社会里，我们比以往更需要具备基本的读写技巧。"这些话都强调了写作能力的重要性。对于秘书人员而言，提高写作能力可从以下三方面入手。

1. 掌握写作理论知识

秘书应当比较系统地学习写作基本理论和写作知识，懂得写作基本原理，掌握写作的方法和技巧，这样在写作中，就能少走弯路，减少盲目性，增强主动性，变被动为主动，比较自觉地运用写作理论来指导写作。

2. 坚持写作实践

鲁迅说："文章应该怎样做，我说不出来，因为自己的作文，是由于多看和练习，此外并无心得或方法的。"叶圣陶也说："要把写作的手腕训练到熟练，必须常常去写，规规矩矩去写。"提高写作能力，掌握写作方法与技巧，一个很重要的途径，便是坚持写作实践、写作训练，只有多读、多写，持之以恒，写作能力才能得以提高。有人认为实用文写作似乎很容易，只是格式问题，这种看法显然是不对的。作为一个秘书，要写好实用文，必须下苦功夫，训练出熟练的"手腕"。

3. 重视文章的修改

好文章都是改出来的，实用文也是如此，不能期望一次成功，如行政公文、法律法规类文体、契约类文体等都需要经过反复修改、字斟句酌才能定稿。

4. 提高现代化书写技术能力

随着现代科学技术的迅速发展，对秘书也提出了愈来愈高的要求。首先是电脑与人们的工作、生活的关系越来越密切，政府机关，企业、事业单位，乃至于家庭，电脑可以说无处不在。电脑的出现，无疑是写作活动的一场空前革命。当今，电子计算机已进入第六代，它把写作行为推向了一个崭新阶段。为实现办公的现代化、自动化，秘书必须能熟练地操作电脑，适应书写技术现代化的要求，适应时代提出的要求，用电脑书写、修改、处理、存储实用文，不但加快了书写速度，而且增强了其准确性、规范性，大大提高了工作效率。其次，秘书还应当掌握多功能全自动复印机、缩微机、图文传真机的操作与使用技术。

语言练到家，妙笔自生花

写作是秘书的事业，可以说，秘书每天都要从事写作工作，而写作质量的高低，不仅决定着文体的成败，关乎能否顺利完成领导交办的任务，也影响着秘书自身职业的升迁。因此，秘书必须努力提高自己的写作水平，而提高写作水平的重要途径就是加强语言学习，提高语言素养，并持之以恒地进行语言写作练习。

对于秘书来说，提高语言素养需做到以下三点。

1.要从现实生活中学习语言

学习语言必须深入到现实生活中，深入到人民群众中，向人民群众学习，从人民群众中汲取营养。因为，人民群众的语言来自于人民群众之中，通俗、明白，又为大众所接受、所理解，是书面语言生动、丰富的源泉。

2.要阅读古今优秀范文

古今优秀范文都是他人运用语言的成功范例，这些范文本身就阐述了文章该怎么作，语言应该如何使用。自觉而认真地阅读这些名篇佳作，对提高语言素养大有裨益。古人"文选烂，秀才半"这种说法是有道理的。我国古代留下许多著名的实用文，如李斯的《谏逐客书》、李密的《陈情表》、魏征的《谏太宗十思疏》、欧阳修的《朋党论》等都堪称千古名篇，值得认真学习。近现代革命导师如马克思、恩格斯、列宁、毛泽东等人的论著，以及一些杰出的科学家、作家的有关论著都值得认真研究，从中汲取营养。

3.要丰富语言储备

语言是创作成品的载体，是文章的构成要素。要想提高语言素养，就要掌握一定数量的词语，掌握词语数量的多少，直接关系到文章的质量。掌握词语少，没有挑选的余地，自然会影响文章的表情达意。

4.要精心炼字炼词

就是根据文章表达的需要，从丰富的词汇中精心挑选最为准确恰当的字、词，把它放在最合适的位置上，以确切表情达意。我国古代有"两句三年得，一吟双泪流""为求一字稳，耐得半宵寒"的美谈，贾岛"推敲"的故事更是家喻户晓。有人以为，只有文学创作才讲究炼字炼词，实用文似乎不必那么认真，这种看法显然是不对的，写实用文同样要精心锤炼词语，做到"字字珠玑"。

5.要善于遣词造句

提高语言素养，还要从语法、修辞、逻辑三方面下功夫，语法使句子通顺，没有语病；修辞使句子生动而不呆板，富于表现力；而逻辑使句子通达理顺，有说服力。遣词造句的能力要从上述几方面综合努力。

6.要多练多写

写作是一门行为科学，离不开实践。学习写作理论无疑是必需的，除此之外还应坚持写作实践，勤于练笔。俄国作家列夫·托尔斯泰说过："天才

的十分之一是灵感，十分之九是血汗。"在平时的工作和生活中要从多方面锻炼自己的文字表达能力，如写日记、读书笔记、书评影评、调查报告、总结、简报等，写得多了，驾驭语言文字的能力也就提高了。

文章不厌千回改

作家巴金说："写到死，改到死；用辛勤的修改来弥补自己作品的漏洞。"大凡有写作经验的人都知道，修改是文章写作中一个必不可少的重要环节。两千多年前的荀子说："人之于文学也，犹玉之于琢磨也。"白居易每一首诗写成之后，都要读给邻居的老妪听，然后认真听取她的意见，反复修改，直至通俗易懂才罢手。曹雪芹写《红楼梦》，披阅十载，增删五次，"字字看来皆是血，十年辛苦不寻常"。鲁迅先生的小说《肥皂》，不过 7 000 字左右，竟修改了一百四五十处。丹麦物理学家玻尔写《光与生命》，反复修改 9 遍，一直到他认为每个字句都完全表达了自己的本意才正式发表。美国作家海明威把《老人与海》的手稿反复读过近 200 遍才最后付印。

由此可见，对成文后的文本进行修改，是秘书完善写作意图、提高写作水平的一种重要途径。"文章不厌千回改"，这是秘书在写作中应当要把握的一个原则。那么，秘书在修改文章时应（该）从哪里入手呢？

1. 着眼全局，从大到小，从整体到局部

文本的初稿完成以后，首先要通读数遍，每一次阅读都要用一种新的观点加以审视。根据文本的立意、材料、结构、语言的表达方式和趣味性，尽可能客观地进行分析。先不必担心表面的失误和拼写错误，相反，要集中注意大的问题。考虑所用的材料是否恰当公允地表现了写作的意图，文中所写细节是否应该重新排序。然后考虑局部问题，检查可否用更好的表达方式和技巧，以及得体准确的语言。修改文章，要反复研究，善于发现"改之未尽"之处，统观全局来修改全文。

2. 不同文体，各有侧重

文章是一个大的范畴，不同的文体由于作者的表达意图不一样，对材料、结构、语言的要求也是不同的。文学作品注重文本的情意性和形象的个性特点，而应用文则更注重文本的规范性和情感表达的共性。秘书在修改文章时，要根据不同文体的特点进行修改。例如，在修改公文时，要注意文本是否采用了规范的格式，书写的内容是否符合现实的政策和法律，表达是否具体明白，语言是否庄重、严谨。

修改什么，怎样修改

为了弄清文本什么地方需要修改，秘书需要从尽可能多的角度来读自己的文章。从总体来看，文章的修改主要从立意是否正确，布局是否合理，材料是否充分、新颖、典型，词语和文面是否适合具体的语境，是否与领导的审美情趣、文化层次、计划要求相适应等方面入手。

下面以美国哈佛大学的入学申请的修改项目为例，探究修改的整个思维操作过程。这一修改项目，对于秘书修改自己所写作的文本是有很大启发意义的，它甚至提醒秘书，对任何文本进行分析和研究时，都可借鉴这一思维方式，分析文本构成的要素，尽可能摆脱模糊和无序的原始状态。修改项目如下。

1. 内容

内容指文本的内容，其中主要指你发出的信息。关于文章内容，你可问自己以下几个问题：

（1）是否说明了所有的问题？

（2）是否清晰表达了要点？

（3）内容是否能够详细具体？（把概括性的语言改为详细说明。）

（4）别人有没有可能已经写过这篇文本？

（5）该文本听起来是否像我所写？是否有个性、随意，而不是过分简洁或语气生硬？

（6）文章中的哪些成分能给人以深刻印象？

2. 结构

如果你的想法没有加以适当的排列，文本的意思就可能模糊不清。你的文本应该像一张交通图那样明了，提示领导得出必然的结论。

（1）全面检查文本的结构。按顺序写下每一段的第一个句子并一个一个地读下去，然后问：要是有人只读这几个句子，他们是否还能准确了解我想要说的，所有段落的第一个句子是否表达我的所有观点，我的想法是否自然流畅，或它们是否有条理或与自己的专业有关。

（2）现在再回到整篇文本，然后问：每一段是否紧扣第一句所引出的思想，每一个证据是否支持每一个论点，证据是否有力。

（3）每一段是否长度相当。（如果某一段比其他段落明显长，那你可以试图把多个想法塞进同一段。）

（4）你的结论是否从前面的段落自然地得出。

（5）句子长度和结构是否有变化。

3. 趣味性

不少秘书在修改和重写自己的文本时只考虑技术性细节，但是，趣味性是让读者能继续读你的文本并能记得它的因素。你可参考这样一个"趣味性等式"：

个性化 + 细节 = 趣味性

看一看你的文本，并回答以下问题：

（1）开头段是否个性化？

（2）是告知领导还是向领导说明？

（3）用的词汇是否属于我的词汇的一部分？（如果不是，把它们删掉。）

（4）是否滥用形容词和副词？

（5）是否删除陈腐用语？

（6）是否删除赘词？

（7）在我听来，文章是否有趣？（如果你觉得乏味，想象一下它对其他人又会是如何。）

（8）结尾是否能给人完整的感觉？最后一句是否具有结论性？

4. 校对

在对自己文本的结构和内容感到满意之后，就该检查一下语法、拼写、打印之类的问题。你能立即找出明显的问题，如错拼或错用的词、看起来好像没结束的句子、用得不当的标点符号等。继续改写，直到你的用词表达你想要说的。问一问这些问题：

（1）标点符号是否用的正确？

（2）是否消除了感叹号（除了对话外）？

（3）大写是否清楚、一致？

（4）主语与动词在"数"方面是否一致？

（5）句号和逗号是否放在引号里边？

（6）是否尽量少用缩略语，撇号是否撇得是地方？

（7）是否找出所有的打印错误？（可以用"拼写检查"，但务必每改一次就检查并复查一次，电脑毕竟是电脑。）

5. 大声朗读自己的文本

为了有助于进一步对你的文本进行润色，要大声朗读。你会发觉那些语法错误和拗口的语言，这也将使你发现文本的流畅程度，使你注意任何不连贯或不协调的地方。好的作品和好的音乐一样都有一定的节奏。你自己的文本听起来如何，是否有趣味性，是否有变化，或者是冗长乏味、枯燥单调。

秘书修改文章的常用方法

好文章是修改出来的。修改也是讲究一定方法的，秘书人员在修改文稿时可参照以下方法。

1. 求助法

求助法就是在初稿完成后，请他人帮助修改的方法。俗话说："当局者迷，旁观者清。"自己写的文章，总认为"文章自己的好"，看不出毛病，而别人站在比较超脱的地位，容易发现文章中的不足之处。一个人写文章，难免有考虑不周之处，文章写好后请别人看一看，听听别人的意见，这是一个很好的方法。当然，在听了别人的意见后，要进一步消化、分析、取长补短，集思广益，进而通盘考虑，摒弃自己的成见，吸收他人的真知灼见，使文章达到比较理想的水平。

2. 诵读法

诵读法就是在初稿完成后，诵读几遍，发现问题，然后修改的方法。这种修改方法，对文本中存在的一些毛病，如语句不通、衔接不紧、缺词漏字、情感不相称等语言表达方面的问题，光看不容易发现，但一诵读就读出来了，甚至有时仅凭"语感"也能发现不妥之处。古代一些诗人写诗读文，总是反复吟唱，一直改到顺口为止。杜甫就是"新诗改罢自长吟"的。他写完诗，要反复长吟诵读，在诵读中发现问题，然后再改。写诗如此，作文也需如此。一些有经验的作家很重视这种修改文章的方法。老舍说："文章写完之后，可以念给别人听听。念一念，那些不恰当的字句，不顺口的地方，就显露出来了，才可以一一修改，文章叫人念着舒服顺口，要花很多心思和工夫。"初学写作的秘书，语言运用还不太熟练，运用这种方法发现问题，更是应该提倡。

3. 热改法与冷改法交替使用

热改法就是指初稿完成后，趁热打铁，立即进行修改的方法。这种方法的优点是：记忆清晰，印象鲜明，改动及时，避免遗忘。缺点是：由于作者处于写作兴奋状态，对需要删改的部分不易看出，往往难以割爱。

冷改法就是初稿完成后，放上一段时间再修改的方法。这种方法可以避免热改法不够冷静、清醒的缺点。因为大脑的思维具有滞后性，初稿一写成，秘书的思想和情绪还难以从文本中超脱出来，按原来的固定思路，难以发现初稿中的问题，也难以判断写作的得失、成败。只有把稿子搁上一段时间，头脑冷静了，原来的偏爱和偏见也淡薄了，重读初稿，就容易摆脱原来固定思路的束缚。特别是经过阅读有关资料和思索有关问题，产生新的感受、新的认识，再看初稿就容易发现不完善、不妥当之处，通过删除多余、增补不足，使写作水平有新的提高。

4. 使用恰当的修改符号

正确使用修改符号，能够明白无误地标示修改的情况，避免造成文字混乱。同时，还可以使修改的稿子保持整洁，理清头绪。秘书在写作文稿的过程中，应当重视每一个标点符号的用法，以免用错导致歧义，而产生负面效果。

"咬文嚼字"是秘书的日常功课

自古至今，人们都十分重视语言在文章中的作用。《礼记·表记》里说过："情欲信，辞欲巧。"语言是组成文章的"细胞"，是文章最基本的"建筑材料"，一篇文章的思想内容、组织结构都必须通过语言文字表达出来，成为有形的东西。语言是内容、结构的外在表现形式，赖以存在的物质外壳。秘书在写作中应当注重语言的运用，以准确得当、精练扼要的语言组织文章，表述观点，传递领导所要表达的内容决策等。

实用文语言的要求，总体来说必须准确、恰当，不能使记载与传递的信息变异、失真或导致接受者产生歧义而贻误工作。

1. 严谨、庄重

实用文有很多文种，如公文，是处理公务的，具有法定的权威性，其用语应该严谨、庄重，以体现其严肃性。具体要求如下：

（1）使用规范的书面语言。规范的书面语言词义严谨周密，能保证领导正确理解，不产生歧义。不能使用口语，如用"商榷""面洽"而不用"商量"；用"不日"而不用"不几天"；不能使用晦涩难懂的词语和不规范的行话、方言和简称，否则会影响传递功能，影响发文机关的尊严与文件的权威性。

（2）选用含义明确而限定的词。如果一个词语的信息量太大，就会使人对词语所含内容认识模糊，从而影响对内容的理解，因此，要避免使用词义不确定的词语，如"最近"，这样的词就缺乏明确具体的标准。行文时表述事物的状态要使用含义单一、确定的数量词、名词、动词和代词，尽量不用或少用副词和形容词，如"基本完成"可以说成"完成80%"，更加确定。

表述事物的性质，也必须选用词义确定的词语，如果无确切的词语表示，可以增加附加词语做必要的修饰和限定。

（3）使用专用词语。长期以来，人们在实用文写作中沿用一些使用频率较高的专用词语，这些词语有助于使文章表述简练。

2. 准确

准确，指选用的词语要能如实地反映客观事物，确切地表达作者的意图，概念明确，判断正确，褒贬分明，轻重适度，不产生歧义。语言准确是实用文写作最基本的要求。如何做到语言准确呢？

（1）要字斟句酌，精心辨析词语。要想字字用得恰到好处，就要精心挑选词语，特别要注意辨析同义词、近义词，辨析它们的细微差别。马克思写作时一丝不苟，运用语言常常到了"咬文嚼字"的程度，据威廉·李卜克内西回忆："没有人具有比他更高明的明确表达自己思想的才能，语言的明确是由于思想的明确，而明确的思想必然决定明确的表达方式。"

（2）必须得体、合体。用语得体是指实用文的语言要适合现实社会中的各种公共关系，并能体现出各种人际关系。而合体是指语言要合乎特定文体的要求，合乎特定的语境、特定的场合。国家行政公文用语必须庄重、严肃，法规类文体用语必须肯定、明确。在行政公文、法规类、契约类文体中不能滥用文学手法，使用诗意的语言。

3. 简洁

简洁，指实用文的语言要简洁明快、言简意赅、不枝不蔓，即用尽可能少的语言表达尽可能丰富的内容。刘勰在《文心雕龙》中指出："随事立体，贵乎精要，意少一字则义阙，句长一言则辞妨。"这句话强调了文贵精要，同时要服从于表意的需要。语言简洁很重要的一点是删繁就简，这就是鲁迅在《答北斗杂志社问》一文中所说的："写完后至少看两遍，竭力将可有可无的字、句、段删去，毫不可惜。"其次，不必面面俱到，事无巨细，什么都写进文章中。古代有"博士（古代学官名）买驴，书券三张，未有驴字"的故事，是说这个博士要买一头驴，写了一纸契约，用了三张纸，还不见一个"驴"字。这个故事告诉我们，写实用文不能文辞烦琐、废话连篇，一定要简明扼要、文字精练。

专门用语的专门用法

秘书实用文写作通常要使用一些规范化的固定词语，表意明确而精练。

1. 称谓语

称谓语，是表示称谓关系的词。

第一人称："本""我"，后面加上本单位的简称，如部、办、局、公司等。

第二人称："贵""你"，后面加上对方单位的简称。"贵"表示尊敬和礼貌，一般用于平行文和涉外公文。

第三人称："该"，用于指代人、单位或事物，如该厂、该同志等，可使语言简明、语气庄重。

2. 开头词

开头词，又称"领叙词"。用于引出实用文撰写的根据、理由或具体内容，可使文章写得开宗明义。常用的开头词有近查、根据、遵照、为了、按照、敬悉等。

3. 追叙词

追叙词，是用以引出被追叙述事实的词，如业经、前经、复经等。

4. 承转词

承转词，又称"过渡语"，承接上文转入下文时使用的关联、过渡词语，可以起到文辞简明、前后照应的作用，如为此、据此、综上所述、总而言之、总之等。

5. 请示词

请示词，又称"期请词""祈请词"，用于向受文者表示请求与希望，如拟请、恳请、特请、希望、敬希、敬请等。

6. 商洽词

商洽词，又称"询问词"，用于征询对方意见和反应，一般在上行文和平行文中使用，如当否、妥否、是否可行、意见如何、是否同意、是否妥当等。

7. 受事词

受事词，是向对方表示感激、感谢时使用的词，如蒙、承蒙等。

8. 命令词

命令词，是表示命令或告诫语气的词语，用于增强严肃性与权威性，引起受文者注意，如表示命令有着、着令、特令、责成、令其等，表示告诫有切切、毋违、切实执行、不得有误、严格办理等。

9. 目的词

目的词，是直接交代行文目的的词语，如请批复、函复、批示、转发、查照办理、参照执行、周知、知照等。

10. 表态词

表态词，又称"复用语"，是表示明确意见时使用的词语，如迅即处理、遵照执行、准予备案、特此批准、同意、应当、可行等。

11. 结束词

结束词，是正文后面表示正文结束的词语，如特此报告、通知、批复、特予公告、此致、此令、谨此、此布、为要、为盼、是荷、为荷、敬礼、致以敬意、谨致谢忱等。

第三章

怎样写好行政公文

什么是行政公文

行政公文又称"公务文书""公务文件"简称"公文"，因为眉首中的"发文单位＋文件"通常用红色标识，所以，常称"红头文件"。

行政公文种类多样，有多种多样的分类方法。目前比较一致的分类方法有以下六种。

按文种可分为：命令（令）、决定、公告、通告、通知、通报、议案、报告、请示、批复、意见、函、会议纪要。

按行文关系可分为：上行文，如报告、请示、部分意见等；平行文，如部分议案、通知、函、会议纪要等；下行文，如命令、决定、通知、通告、通报、批复等。

有些公文的行文方向并不十分固定，在不同的情况下有不同的归属，如通知、函、会议纪要等。

按来源可分为：收文，如领导机关发来的通知、通报、决定，下级机关送来的请示、报告、部分意见，平行机关送来的函等；发文，如向领导机关报送的请示、报告、部分意见；向下级机关发出的通知、通报、决定、批复；向平行机关发出的函等。

按保密程度可分为：绝密、机密、秘密公文。

按办理时限可分为：特急公文、紧急公文。

按性质和作用可分为：指挥性公文，如命令、决定、批复等；报请性公文，如请示、报告、议案等；知照性公文，如公文、通告、通报、通知；记录性公文，如会议纪要。

按内外形式可分为：内部公文，如内部的通知、通报等；外部公文，即向人民群众公开传达或通过报纸、电台、电视台以及网络形式向国内外公开发布的文件，如公告、公报、布告、通告、命令等。

行政公文的格式有哪些讲究

行政公文的格式有严格要求，不能随意而定，也不能随意而变。行政公文的格式依据是由国务院颁发的，于 2001 年 1 月 1 日起施行的《国家行政机关公文处理办法》和由国家技术监督局制定，于 2000 年 1 月 1 日起施行的《中华人民共和国国家标准·国家行政机关公文格式》（以下简称《国家行政机关公文格式》）。秘书在写作行政公文时，应当事先阅读和了解《国家行政机关公文格式》中的相关规定，做到心中有数，以写出体例完整、格式规范的公文。最好是购买一份最新更新的《国家行政机关公文格式》文本，放在办公桌案头，以便随时查阅对照。

行政公文的格式主要包括眉首、主体、版记三部分。置于首页红色反线以上的各要素统称为眉首；置于红色反线（不含）以下至主题词（不含）之间的各要素统称为主体；置于主题词以下的各要素统称为版记。

行政公文眉首是指什么

行政公文眉首由公文份数序号、秘密等级和保密期限、紧急程度、发文机关标识、发文字号、签发人和红色反线等构成。

1.公文份数序号

公文份数序号又简称"份号"，是将同一文稿印制若干份时每份公文的顺序编号。"绝密""机密"级公文才需要编制份数序号，其目的是准确掌握公文的印制份数、分发范围和对象。《国家行政机关公文格式》规定用 7 位阿拉伯数字标识，在首页版心左上角第一行。如 0000012 标识为本文件的第 12 份。一般的公文，不需要标识公文份数序号。

2. 秘密等级和保密期限

秘密等级又称"密级"。凡涉及国家秘密的公文应当标明密级和保密期限。用三号黑体字顶格标识在版心右上角第一行，两字之间空一字；如二者同时标识，则用"☆"隔开。秘密等级分为：秘密、机密、绝密；保密期限，按照《国家秘密保密期限的规定》（国家保密局 1990 年第 2 号令）的第九条执行，即"凡未标明或者未通知保密期限的国家秘密事项，其保密期限按照绝密级事项三十年、机密级事项二十年、秘密级事项十年认定。"

3. 紧急程度

紧急程度即公文处理的时间要求，分特急、紧急两种。在电报中分为特急、加急、平急。用三号黑体字顶格标识在版心右上角第一行，两字之间空一字。秘密等级、保密期限与紧急程度同时都要标识，紧急程度顶格标识在版心右上角第二行。

4. 发文机关标识

发文机关标识又称"版头"，由发文机关全称或规范化简称后加"文件"组成，少数民族地区的行政公文可用少数民族文字和汉字两种文字印制，少数民族文字居汉字之上。联合行文时，主办机构应排列在前。行政机关与同级或相应的党的机关、军队机关、人民团体联合行文，按照党、政、军、群的顺序排列。

"文件"二字置于发文机关名称右侧，上下居中排列。字体推荐用小标宋体字，初号，红色标识。如联合机关过多，则必须保证公文首页显示正文。

5. 发文字号

发文字号又称"文号"。由发文机关代字、年份、序号组成。在发文机关标识下空两行，用三号宋体字标识。年份、序号用阿拉伯数字标识，年份用全称，并用六角括号"〔〕"括入；序号不编虚位（即 1 不编为 001），不加"第"字。

发文机关代字是用最简单、最有特色、最能代表发文机关名称的字或词

表示。如中共中央的发文机关代字为"中"、国务院的发文机关代字为"国"、重庆市人民政府的发文机关代字为"渝府"。

6. 签发人

上报的公文须标识签发人姓名。签发人一般是指本单位或本机关的负责人或主持工作的负责人。其位置平行排列于发文字号右侧，发文字号居左空一字，签发人姓名居右空一字；签发人用三号仿宋字体，其后标注冒号，签发人姓名用三号楷体字标识。如有多个签发人，则主办单位签发人姓名置于第一行，其他签发人姓名从第二行起按发文机关顺序依次排列，最后一个签发人姓名与发文字号同处一行并距红色反线 4 毫米。

眉首在首页的位置。

行政公文主体由哪些要素构成

行政公文的主体部分由公文的标题、主送机关、正文、附件、成文日期和公文生效标识等构成。

1. 公文标题

公文标题中发文机关名称应用全称或规范化简称。事由应当准确、简要地概括公文的主要内容。通常在事由前加上介词"关于"。文种要选择准确，应当根据行文目的、发文机关的职权和与主送机关的行文关系确定。公文标题中除法规、规章名称加书名号外，一般不用标点符号。

公文标题在红色反线下空两行，用二号小标宋体字，居中排列，排法应视字数多少而定，可排一行、二行，最多不超过三行。每行不要两头顶格，最好不超过正文一行的 3/5。回行时，要做到词义完整，以醒目、对称、美观为宜。

2. 主送机关

主送机关即收受、办理公文的机关，在标题下空一行顶格标识。最后一个主送机关名称后标全角冒号。如果主送机关较多，则可以将主送机关移至版记中标识。上行文一般只写一个主送机关；下行文则分专发性和普发性，专发性下行文的主送机关必须标明，普发性发行文的主送机关，在排列机关名称时，必须确定一个合理的排列顺序，用分类或统称标识，同类之间用顿号，不同类之间用逗号隔开。有的普发性公文也可以省略此项目。

3.正文

正文即文件的主要内容。一般由开头、主体和结尾三部分构成。在主送机关下一行，每自然段左空两行，回行顶格，数字、年份不能回行。

开头：主要说明行文的原因、依据和目的等。

主体：即公文的核心内容。内容复杂的公文应采取分条列项结构，内容简单的公文可以不分段，一段贯通。

结尾：根据文种和行文关系，写出不同的结语。

4.附件

附件即随文附上的要件，是对公文内容起补充说明的文字材料，是公文的有机组成部分。包括转发、报送的文件，随文颁发的规章、制度，以及公文中涉及的数据、人员名单等资料。附件说明是在正文下空一行左空两字用三号仿宋体字，标识关于附件信息的说明性的文字。如果附件较多，则可以用阿拉伯数码编号（如附件：1.××××××），附件的序号名称前后标识应一致。附件应与公文正文一起装订，并在附件左上角第一行顶格标识"附件"（或带序号）字样。

5.成文日期

成文日期以负责人签发的日期为准。联合行文以最后签发机关负责人的签发日期为准，电报以发出日期为准。成文日期应用汉字将年、月、日标全，"零"写为"○"。

6.公文生效标识（印章）

印章是公文生效的重要标识。《国家行政机关公文处理办法》规定："公文除'会议纪要'和以电报形式发出的以外，应当加盖印章。联合上报的公文，由主办单位加盖印章；联合下发的公文，发文机关都应加盖印章。"

当主办单位加盖印章时，联合下发的公文、发文机关都应加盖印章。当公文排版后所剩空白处不能容下印章位置时，要通过调整行距、字距加以解决，使印章与正文同处一面，不得采用"此页无正文"来解决。

7.附注

附注即需要说明的其他事项。主要说明公文的发放范围或解释名词术语

等，不是对公文的内容做出解释和注释。

对公文的注释或解释一般在公文正文中采取句内括号或句外括号的方式解决。如"此件发至县团级""此件可见报"等，表达时应加括号标注。

行政公文版记

行政公文的版记部分由主题词、抄送机关、印发机关和印发日期、版记中的反线等构成。版记一般应置于公文最后一页，最后一个要素置于最后一行。

1. 主题词

主题词主要用于揭示正文内容，便于检索公文的规范化名词或名词性词组。《国家行政机关公文处理办法》规定，"上行文必须标注主题词。"主题词分为类别词、类属词、文种三部分。"主题词"三个字用三号黑体字，居左顶格，后标全角冒号。主题词应选择《公文主题词表》中规范化的词。一份公文一般标识 3-5 个主题词，最多不超过 7 个，词与词之间空一字，不用标点，用三号小标宋体字标识。

2. 抄送机关

抄送机关指除主送机关外需要执行或知晓公文的其他机关。应使用全称或规范化简称、统称标识。其位置在主题词下一行，左空一字用三号仿宋体字标识，后标全角冒号。抄送机关间用逗号隔开，回行时与冒号后的抄送机关对齐，在最后一个抄送机关后用句号，如主送机关移至主题词下，标识方法同抄送机关。

3. 印发机关和印发日期

印发机关和印发日期位于抄送机关之下，占一行位置，无抄送机关则在主题词之下，用三号仿宋体字标识。印发机关即公文的印制主管部门，一般是各机关的办公厅（室）或文秘部门，没有专门的办公室或文秘部门，则可用发文机关标识。

位置居左空一字，印发日期居右空一字，印发时间以公文付印的日期为准，用阿拉伯数字标示。印制日期与成文日期可同时、可延后，但不能提前。

另外，行政公文的版式也有特殊要求，基本要求如下。

（1）版面尺寸

行政公文版面（指文字区）尺寸为 156mm×225mm。在 A4 纸面幅上分布，即在上白边（天头）空 37mm，订口（左白边）空 28mm 的右边区域内。

（2）行间距

"行"则与过去的行概念不同。过去称一行字是指一行黑体字。这里"行"是指字体间距离加上过去的行间距，二者之和才称"行"。

三号仿宋体字的行的概念即为三号仿宋体字距再加上 3 号仿宋体字的 7/8 倍的间距。每行距离为 5.6mm+$\frac{7}{8}$×56mm=10.5mm，一般简称每行为 10mm。

行政公文制作要领

行政公文的制作来不得半点马虎，因而对行政公文制作者的要求也很高。对于制作行政公文的文秘人员来说，要记住：

吃透两头很重要，领导意图把握好。

选好文种宜慎重，规范准确效率高。

即要求做到以下几点。

（1）要吃透上级精神，掌握好相关理论知识和政策法规，也要吃透本部门及下级情况，使所制作的公文更具有针对性。

（2）要吃准本部门领导的意图，弄清本部门领导所制作的公文有何具体要求，通过这份公文去解决什么问题。

（3）要选择好恰当的文种，错用文体不仅会闹笑话，更会使公文失去相应的作用。

（4）对于所制作的公文要按照规范的程序去做，使用最规范的语言，而且要准确选用词语，这样才能保证公文的制作成功，不至于一而再、再而三地返工，以使公文能及时与受文者见面。

【例3-1】

国家行政机关公文格式：下行文

000001 　　　　　　　　　　　　　　　　　　机密★一年
　　　　　　　　　　　　　　　　　　　　特　急

××省人民政府文件

×××〔××××〕××号

关于×××××××××的通知

×××××××：
×××××××××××××××××××××××××××××××
×××××××××××××××××××××××××××××××
×××××××××××××××××××××××××。

附件：1.××××××
　　　　2.××××

　　　　　　　　　　　　　　　　　　××××年××月××日
　　　　　　　　　　　　　　　　　　　　印章

主题词：×××××××××

抄送：×××，××××，××××，×××。

××省人民政府办公厅××××年××月××日印发共印××份

32

【例3-2】

国家行政机关公文格式：上行文

秘 密
特 急

×× 省人民政府文件

× 府发〔××××〕× 号签发人：×××

关于 ×××××× 工作的请示

××××：

　　××××××××××××××××××××××××××××

××××××××××××××××××××××××××××××××

××××××。

附件：1.×××××

　　　 2.××××

　　　　　　　　　　　　　　　　　　 ××××年××月××日

　　　　　　　　　　　　　　　　　　　　 印章

注释：1.×××××××

　　　 2.××××××

主题词：×××××××××

抄送：×××，×××，×××。

×× 省人民政府办公厅 ××××年××月××日印发

【即学即练】

　　参照以上行政公文范例，结合自身工作实际，撰写一份行政公文，字数
500 字左右。

_____

_____

_____

_____

_____

_____

_____

_____

_____

下 篇

大手笔是这样炼成的：
　　公文写作实战训练

第四章

怎样写好指挥性公文

什么是命令（令）

指挥性公文是向下级机关和所属人员发布命令、做出决定、指导工作的文书。从行文关系来看，指挥性公文都属于下行文，它具有权威性、发令性和指导性，是传达、贯彻党和国家方针、政策、发布行政法规和规章，实施行政措施，指导工作的重要工具；是下级机关开展工作的重要依据，它主要包括命令（令）、决定、批复和意见等。

命令（令）是"适用于依照有关法律公布行政法规和规章；宣布实行重大强制性行政措施；嘉奖有关单位及人员。撤销下级机关不适当的决定"（《国家行政机关公文处理办法》）的公文。

命令（令）是上级机关向下级机关或人员发布的指令性下行文。它是上级机关指挥意志、工作意向、计划和主张的具体表现，也是下级机关工作的根据、活动的准则和言行的规范。

命令的主要种类有发布令、行政令、奖惩令、任免令。

1.发布令

发布令是用于公布重要法规和制度的文件。它由令文及附件组成。附件即应公布的法规或制度、规章。

2. 行政令

行政令用于发布重大的强制性的行政措施。行政令由标题和正文两部分组成，正文一般包括三个部分：发令原因，即施行重大强制性行政措施的原因、目的或依据；命令事项，即施行的行政措施的具体内容；施行要求。

3. 奖惩令

奖惩令是用来奖励和惩戒有关人员的命令，有嘉奖令和惩戒令两种类型。嘉奖令是奖励的最高级别，用于奖励贡献突出的个人或集体。它由先进事迹、性质和意义、奖励项目、希望和号召四部分组成。例如《最高人民法院嘉奖令〔2005〕189号》

4. 任免令

任免令是用于发布人事任免事项的命令。

什么是决定

《国家行政机关公文处理办法》规定："适用于对重要事项或者重大行动作出安排，奖惩有关单位及人员，变更或撤销下级机关不适当的决定事项。"决定是一种下行文，它是各级党政机关、社会团体和企事业单位对某些重要事项和重大行动作出安排和决策的公文。

决定的作用比较广泛，上至党和国家的重大决策和战略部署，下至基层单位的奖惩事宜，均可用其行文。但是，无论是哪级机关使用这一文种，所涉及的内容、事项，应该是对本级机关、单位相当重要的，由领导集体或领导者慎重考虑与决定研究通过的事宜。

按照决定的内容可分为决策性决定、奖惩性决定和事务性决定三类。

1. 决策性决定

决策性决定主要用于对某一方面的工作或某一类重要问题做出安排或部署。

2. 决策性决定

决策性决定主要用于表彰或惩戒。表彰性质的决定是对在一定时期的工作或突发事件中有重要贡献、事迹突出的单位、群体或个人予以奖励表彰而

做出的决定。惩戒性的决定是对在工作中有严重违纪行为、造成重大恶劣影响或酿成重大责任事故，而对其责任者做出的惩戒处理的决定。

3. 事务性决定

事务性决定主要用于某项重要活动的安排，变更或撤销下级机关不适当的决定事项。

什么是批复

批复是上级机关回答下级机关请示的文件。《国家行政机关公文处理办法》指出："答复请示事项，用'批复'。"

批复的主要作用是对下级机关请示的事项做出明确的答复，以推进工作的顺利进行。批复的内容大多是回复、表态，或同意，或部分同意，或不予同意。有时上级机关认为下级机关的报告有必要答复，也要用批复的形式指导下级工作。

批复有两种，即直接批复和转发性批复。前者属于对下级请示的直接答复；后者是对请示事项相关单位的一并批示，指示其按批示事项执行。前者如《国务院关于同意河北省地市体制改革调整行政区划给河北省人民政府的批复》，后者如《国务院办公厅关于深圳特区私人建房问题给广东省人民政府办公厅并福建省人民政府办公厅的批复》。

什么是意见

意见用于对重要问题提出见解和处理办法，是常用的行政公文。

意见以前只属于党的机关公文文种。而在实际工作中，意见一般都代表领导机关的领导意图，具有指导和遵照执行的作用。因此，使用频率较高，实用价值较大。2000 年，国务院发布的《国家行政机关公文处理办法》把意见正式确定为行政机关公文文种。

　　《国务院办公厅关于实施〈国家行政机关公文处理办法〉涉及的几个具体问题的处理意见》（国办函〔2001〕1号）规定，"意见可以用于上行文，下行文和平行文。"这说明意见的行文具有多向性。作为上行文，主要是对某一主要问题或某一方面的工作提出看法和建议，呈报上级批准或批转执行；作为下行文，主要是对工作做出部署安排、阐明指导方针、提出具体意见；作为平行文，主要是向平行机关和不相隶属机关提出咨询、阐明主张或征求意见，提供给对方作为参考。

　　意见按照写作的目的和内容，分为指导性意见、建设性意见、征询性意见三种。

命令的格式及写作要领

　　命令一般由标题、正文、签署、日期构成。

1. 标题

　　命令的标题主要有三种构成形式：一是完全式，如《国务院关于在我国统一实行法定计量单位的命令》；二是由发布者、文种构成的省略式，如《中华人民共和国国家经济贸易委员会令》；三是仅由文种构成的省略式，如《嘉奖令》。其中第二种标题最为常见。

　　命令的编号是领导人任现职以来发布命令的流水号，一般位于标题的正下方。

2. 正文

　　命令的正文一般由命令缘由、命令内容和执行要求构成。其行文要简介准确，语气要坚决严肃，结构要严谨，语言要庄重朴实。

　　由于命令内容和要求的差异，写作方法不尽相同。发布令、行政令都带有附件，主体文稿一般是由有关主管部门代拟。所以，发布令、任免令的结构简单，格式相对固定，一般交代命令形成的过程，内容只有一句话或者两句话。嘉奖令的内容则复杂些，篇幅也较长，写作的难度较大，主要包括介绍主要的先进事迹；介绍奖励的内容；发出向先进学习的号召或提出要求。

3. 签署

命令的签署命令必须标识在正文之下空一行右空四个字，职务标识在签名章左空两个字。

4. 日期

命令的日期在签名章下空一行标识，右空两个字。

决定的结构及写作要领

决定一般由标题、正文、结语构成。

1. 标题

决定的标题有两种构成形式。一是由发文机关、事由、文种构成；二是由事由、文种构成。如果是由会议通过的决定，还要加"题注"，即在标题之下用圆括号标注决定通过的时间和会议名称。

2. 正文

决定的正文由决定缘由、决定事项构成。

决定缘由要写明决定的原因、目的和依据，即简要阐明决定的事由，说明决定的重要性和必要性，指出决定的政策、法规依据。

决定事项指决定的具体内容，这是领导机关意志的表现，包括工作的具体措施、要求，或者给予奖励、处罚或者其他。这部分要求语言简洁明了，条理清楚，便于受文者贯彻执行。属于重要事项或者重大行动的决定，可以分项列条，用小标题或者编序号，或者小标题加序号来表达。

3. 结语

决定的结语一般是对受文者提出希望，发出号召或者对执行决定的要求做出说明，也可以不写。除会议通过且予以公布的决定之外，其他决定应标明主送机关、发文机关和成文时间。

批复的写作要求

（1）要有政策或法律依据。

（2）要了解问题或事项的具体内容。

（3）要观点明确，用语准确。

（4）要切合实际。

批复的结构及写作要领

批复一般由标题和正文构成。

1. 标题

批复的标题一般由批复机关名称、事项、受文单位名称和文种构成。

2. 正文

批复的正文由缘由、批复权词语、批复内容和结束语构成。缘由的写法往往将请示标题、来文字号写明，或者将来文年月日写清楚，以便显示批复的针对性和日后的查询。

批复的内容要求分清事实，逐条说明上级的意见，或者复述文中的请示事项。语句要写得庄重肯定，表现领导机关态度持重和批复的严肃性。

秘书在写作批复时，要注意以下几点事项：

（1）批复的时间性很强，要及时批答，不允许拖延时日。因为下级请示问题或事项都是在工作进程中出现的，稍微拖延就会影响工作的进程。

（2）批复与指示相比，它们之间是有区别的：

首先，指示往往在事前发生，而批复是在事中答复；

其次，指示是面对全体、面对全面工作所做的决定；批复是对某单位或某项具体工作事项所做的决定；

再次，指示的内容多阐述道理，布置安排和具体指导；批复多对具体问题做具体答复。在工作中不应把指示与批复相混。

意见的结构及写作要领

意见由标题、主送机关、正文三部分构成。

1. 标题

常见的意见标题的拟法有两种：一种由"发文机关 + 发文事由 + 文种"构成，如《中共中央国务院关于进一步加强农村工作提高农业综合生产能力若干政策的意见》；另一种由"发文事由 + 文种"构成，如《关于做好稳定住房价格工作的意见》。

2. 主送机关

直接发布的意见要有主送机关。需要转发的意见虽然没有主送机关，但在下达转发该意见的通知时要把主送机关写清楚。

3. 正文

意见正文的开头要简单交代清楚发布意见的缘由、背景、根据等，文字简练概括，最后用过渡句转入下文。如《关于做好稳定住房价格工作的意见》一文的开头："保持房地产市场持续健康发展，事关国民经济和社会发展全局，事关全面建设小康社会目标的实现。当前一些地区存在房地产投资规模过大，商品住房价格上涨过快，供应结构不合理，市场秩序比较混乱等突出问题。为进一步加强对房地产市场的引导和调控，及时解决商品住房市场运行中的矛盾和问题，努力实现商品住房供求基本平衡，切实稳定住房价格，促进房地产业的健康发展，现提出以下意见：……"接下来要说明具体意见、文章主题，要逐条将有关看法、意见、建议、措施写清楚。如果内容复杂，还可根据内容列出大小标题分块描述。最后简单陈述执行要求。

秘书人员在写作意见时要注意以下两点事项：

一是格式正确。意见是《国家行政机关公文处理办法》中新增加的文种，具有行文方向多向性的特点，在行文时应根据行文的目的确定行文的方向，选择相应的格式，不能把不同方向的公文格式糅为一体。

二是正文部分提出的意见要注意可行性、原则性，要符合党的方针和政策。

【例4-1】

湖北省人民政府对省交通投资有限公司的嘉奖令

各市、州、县人民政府，省政府各部门：

2014年，省交通投资有限公司坚决贯彻落实省委、省政府的战略部署，按照"竞进提质、升级增效"的总要求，充分发挥交通投融资平台功能，圆满完成2014年全省高速公路投资建设任务，全面建成保宜高速宜昌段、江南、谷竹、十房、恩来、恩黔、黄鄂高速团风段、麻竹高速随州西段、襄阳东段等9个高速公路项目，合计里程749公里，创造了我省高速公路建设史上年投资规模最大、建成通车里程最长、安全事故率最低的纪录。截至2014年底，全省高速公路通车总里程达到5 106公里，结束了远安、石首、松滋、房县、竹山、竹溪、宣恩、来凤、咸丰等县（市）不通高速公路的历史，打通了我省与陕西、重庆、湖南的省际快速通道，有力推动了全省经济社会发展。

在深化交通投融资体制改革过程中，省交通投资有限公司紧紧围绕省委、省政府"一元多层次"发展战略，勇于担当、敢于创新、真抓实干、攻坚克难，不断探索新常态下筹资、融资、建设、管理的新方式，成立4年累计融资1 462亿元，投资1 458亿元，建成高速公路1 127公里，带动社会创造GDP近1万亿元，投融资额以及建设里程在全国同类平台中名列前茅。为表彰省交通投资有限公司为全省稳增长、促改革、调结构、惠民生作出的突出贡献，省人民政府决定对省交通投资有限公司予以通令嘉奖。

希望省交通投资有限公司广大干部职工戒骄戒躁，再接再厉，乘胜前进，深入贯彻落实党的十八大和十八届三中、四中全会以及中央、全省经济工作会议精神，适应新常态，抓住新机遇，为全面完成我省"十二五"高速公路建设任务、加快推进"建成支点、走在前列"战略再立新功。

湖北省人民政府

2014年12月31日

【例4-2】

×× 省人民代表大会常务委员会关于

召开 ×× 省第七届人民代表大会第二次会议的决定

（20×× 年 × 月 × 日 ×× 省第七届人民代表大会常务委员会第五次会议通过）

×× 省第七届人民代表大会常务委员会第五次会议决定：×× 省第七届人民代表大会第二次会议于20×× 年 × 月 × 日在 ×× 地召开。

【例4-3】

**最高人民法院最高人民检察院关于办理侵犯著作权刑事
案件中涉及录音录像制品有关问题的批复**

（2005 年 9 月 26 日最高人民法院审判委员会第 1365 次会议、
2005 年 9 月 23 日最高人民检察院第十届检察委员会第 39 次会议通过）

法释〔2005〕12 号

各省、自治区、直辖市高级人民法院、人民检察院，解放军军事法院、军事检察院，新疆维吾尔自治区高级人民法院生产建设兵团分院、新疆生产建设兵团人民检察院：

《最高人民法院、最高人民检察院关于办理侵犯知识产权刑事案件具体应用法律若干问题的解释》发布以后，部分高级人民法院、省级人民检察院就关于办理侵犯著作权刑事案件中涉及录音录像制品的有关问题提出请示。经研究，批复如下：

以营利为目的，未经录音录像制作者许可，复制发行其制作的录音录像制品的行为，复制品的数量标准分别适用《最高人民法院、最高人民检察院关于办理侵犯知识产权刑事案件具体应用法律若干问题的解释》第五条第一款第（二）项、第二款第（二）项的规定。

未经录音录像制作者许可，通过信息网络传播其制作的录音录像制品的行为，应当视为刑法第二百一十七条第（三）项规定的"复制发行"。

二〇〇五年十月十三日

【例4-4】

××市人民政府办公厅关于中央在改制科研单位
执行地方科研机构改革政策的意见

各区县（自治县、市）人民政府、市政府各部门、有关科研单位：

长期以来，中央在科研单位为促进我市科技事业和社会经济发展做出了较大贡献。为积极支持中央在科研单位体制改革工作，经市政府研究，原则同意中央在×改制科研单位执行地方科研机构改革政策。根据《××市人民政府关于印发××市科研机构体制改革实施方案的通知》（×府发〔2004〕74号）和《××市人民政府关于××市科研机构体制改革实施方案的补充意见》（×府发〔2005〕48号）有关规定，现就中央在×改制科研单位执行地方科研机构改革政策有关问题提出如下意见。

一、关于提前退休问题

在2005年12月31日以前，中央在××改制科研单位在征得主管部门同意后，可以参照《××市人民政府关于印发××市科研机构体制改革实施方案的通知》（×府发〔2004〕74号）和《××市人民政府关于××市科研机构体制改革实施方案的补充意见》（×府发〔2005〕48号）中有关提前退休的规定执行。从2006年1月1日起，各单位参加我市企业职工基本养老保险统筹，提前退休人员和正常退休人员一并作为统筹对象，其退休费由地方养老保险基金支付。

二、关于税收优惠问题

从2005年至2006年，免征中央在改制科研单位转制过渡期内的科研开发自用土地的城镇土地使用税、房产税。此前已经征收的部分不再退还。

三、关于公房出售款返还问题

中央在××改制科研单位上交的公有住房出售款，在建立20%的公共维修基金后，从余下的80%中返还30%给上交单位专项用于其机构改制。

四、关于职工调资问题

在2005年12月31日以前，中央在改制科研单位在征得主管部门同意后，其在职职工和离退休人员可按国家有关机关事业单位增加工资和调整离退休待遇的规定执行。在职职工增加工资所需资金，由单位自筹或向上级主管部门（总公司）申请解决。离退休人员调整待遇所需资金，今年由单位自筹或向上级主管部门（总公司）申请解决。从2006年1月1日起，各单位参加我市企业职工基本养老保险统筹后，按规定在统筹基金中解决。

二〇〇五年十二月五日

【即学即练】

参照以上命令（令）、决定、批复、意见范例，结合自身工作实际，分别撰写一份命令（令）、决定、批复、意见，字数根据需要确定。

_____

_____

_____

_____

_____

_____

_____

_____

第五章

怎样写好报请性公文

报请性公文是指具有汇报、请示、建议等内容的公文，是国家行政机关、企事业单位常用的报告情况、请示问题、提出建议、提请审议事项的重要文书，它主要包括报告、请示、议案等文种。

什么是报告

《国家行政机关公文处理办法》规定：报告是"适用于向上级机关汇报工作，反映情况，答复上级机关的询问"的公文。

报告是一种呈阅性的上行文，主要用于下级机关向上级机关汇报工作、反映情况、答复上级机关的询问等。

在公务活动中，报告是联系上下级工作关系的重要桥梁，它有助于建立和健全上下级之间正常的公务关系，有助于上级部门更全面具体、更准确深入地把握下情、指导工作，对保证工作质量，提高工作效率，有着极为重要的作用。

报告这一文种在工作中应用十分广泛，使用频率很高，其分类情况比较复杂，根据不同的标准、从不同的角度对其进行划分，可以分作若干不同的种类。

按其内容可分为工作报告、情况报告、答复报告和报送报告四种。

按其性质可分为综合报告和专题报告两种。

按其时限可分为例行报告和不定期报告两种。

什么是请示

请示是向上级机关请求指示、批准问题或事项而使用的文种。请示属于上行文，下级机关对上级机关均可使用。凡是遇到下列情形者必须使用请示。

1.请示上级批准后才能办理的事项。

2.对现行政策、方针、法规有疑义时，让上级首肯的事项。

3.新情况出现后，无章可循的事项，请求上级指示。

4.因情况特殊，难以执行现行法规和政策，需要上级重发指示。

5.因意见分歧，需要上级裁决的事项。

6.事情重大，虽有章可循，有法可依，但因系重大步骤，仍需要上级批准的事项。

7.完成上级规划的系列任务，需要报请上级审批的专项任务。

请示的种类划分，因标准不同而分为许多种。就其目的、内容、作用分为解答性请示、待审批请示、需用性请示、建议性请示和探讨性请示。还有的将请示分为事项请示和报告性请示两种。

什么是议案

议案是各级人民政府或人民代表按照法律程序向同级人民代表大会或人民代表大会常务委员会提请审议事项的公务文书。

议案的作用是有议案提出权的机构或人民代表用来向同级人民代表大会或其常务委员会提请审议事项。

按照内容，议案可以分为立法议案、重大事项的决策议案（包括机构设置、条约生效等）、任免性议案、建议性议案等。

议案是一种特殊的公文，具有如下特点。

1. 制发机关的法定性

议案的制发机关只能是各级人民政府，政府的职能部门无权制发。

2. 内容的特定性

人民政府所提议案的内容，必须属于该人民代表大会或常务委员会职权范围内的有关事项。

3. 时效的规定性

各级人民政府的议案，应当而且必须在同级人民代表大会或其常务委员会举行会议规定的限期前提出，否则不能列为议案，超过期限提交的议案一般改作"建议"处理，或移交下次人大会议处理。提交大会审议的议案，必须限期审议表决或提出处理意见。

4. 行文的定向性

议案只能由各级人民政府向同级人民代表大会或其常务委员会行文，不能向其他部门单位行文，主送机关也只有一个。

报告的格式及写法

报告通常由标题和正文构成，具体写作格式如下：

1. 标题

报告的标题一般由三部分构成，即发文单位名称、事项和文种。有时报告的内容重要，并要求迅速报告上级，可在"事项"后面加上"紧急"二字，如"林业部关于抢救大熊猫的紧急报告"，以与一般报告相区别。

2. 正文

报告的正文写法与组成由于报告类型不同而不同，现分别叙述于后。

报告的结构总体上是一致的，但不同的报告其写作形式和方法还是有差异的。以下各类报告的写法是秘书在写作时需要把握和注意的。

（1）请示报告

请示报告是报告中的一种类型，不应视为两个文种，更不是文种的混用。

它的特点是下级向上级报告工况和准备采取的措施等，请示上级批准。它与"请示"还是有区别的。它的正文部分一般由报告情况、请示内容组成。结束语往往是："以上报告当否，请予答复""以上报告可行否，请予审批"等。

（2）工作报告

第一，个人就某项工作向机关单位的工作汇报，如宋庆龄向中央的汇报：《视察云南省工作的报告》，蒋南翔向人大常委会的汇报：《关于贯彻六中全会精神，加强和改善学校思想政治教育的汇报》。

第二，行政机关向上级所做的工作报告，如国务院向人大代表会议所作的政府工作报告。

第三，政府各部委向国务院做的工作报告。这些报告的特点都是全面的综合报告。它由三大部分组成：工作任务完成情况及取得的成绩；在工作中取得的经验和教训；下一步工作任务的安排和要采取的措施、政策。在写法上，要提纲挈领，全面着眼，重点突出，条理清楚，政策、事项界限分明。要求先写成"工作报告大纲"，经领导审阅，所涉及部门提供意见后，组成写作班子，然后动手去写。初稿写成后，经过审查，再做修改、完稿。

（3）情况报告

又称专题报告，有时把事故报告也列入这一类。

（4）呈转性报告

呈转性报告的内容多属法规、政策、重大措施为内容的文件，涉及全局、重要的局部，或某个系统的大问题，必须呈报上级转批执行。它的正文由缘由、呈转内容与结束语组成。

请示的格式及写法

请示由标题和正文构成，写法分别阐述如下。

1.标题

请示的标题由请示单位名称、事项与文种三部分构成，并在标题下面标注年月日。

2. 正文

请示的正文由请示缘由、请示事项和请示要求构成。不同类别的请示在正文的写法上应有所区别。

（1）批准性请示，缘由应交代明白，说明请示的理由。

（2）批转性请示与批准性请示的正文写法大致相同，不再赘述。

3. 请示要求

请求的要求多写成"以上报告当否，请批示。""以上报告，如无不妥，请批转各省、市、自治区和国务院各部委遵照执行。""以上认识是否妥当，请迅速指示。"

秘书人员在写作请示时，还要把握以下三点注意事项。

（1）请示应一文一事，即请示内容只能是一件事项，不能一件请示中写两件事项。

（2）请示只能有一个主送单位，即主管单位，不允许请示有两个主送单位，即多头请示。

（3）请示只能送主管机关。上级机关没有批示、批准、解答以前，不得向下级机关、平行机关抄送请示内容。

议案的结构是怎样的

议案一般由首部、正文和尾部三部分构成，具体写法如下。

1. 首部

议案的首部包括标题、发文字号和主送机关等项目。

（1）标题。通常有两种形式：一是完全式标题，即由"发文机关＋案由＋文种"构成，如《××市人民政府关于提请审议同意县实施禁放烟花爆竹的议案》；二为省略式标题，即由"案由＋文种"构成，如《关于进一步搞好我市社会力量办学的议案》。

（2）发文字号。在标题右下方按函的字号书写，如"国函〔200〕号"等。

（3）主送机关。在标题之下，正文之前左起顶格书写主送机关全称或规

范性简称，加冒号。

2. 正文

议案的正文是议案的主体，由案据、方案、结语三项内容构成。

（1）案据。指议案的根据，应写明事实，阐明理由，回答为什么要提这一议案的问题。案据可以根据内容选择详略，如《国务院关于提请审议兴建长江三峡工程的议案》，案据部分超过全文的一半，对于这样一个耗时耗资十分巨大的工程，将理由阐述得充分一些是很有必要的。有时案据可以写得很简短，如《国务院关于提请审议〈中华人民共和国农业基本法〉（草案）的议案》，就是一个比较常见的"目的式"写法，不过三四行一百余字而已。

（2）方案。议案一般都要写明对提请审议问题的解决途径和办法。制定并修订法律、法规、条例等，应提交草案作为附件；建议批准采取有关行政手段时，要提出符合实际、切实可行的解决问题的方法。这样才便于审议。

（3）结语。结语是指正文部分结束时所用的祈请性词语，属于议案这一公文格式所要求的程式化用语。

3. 尾部

议案的尾部由签署和年、月、日期两项内容构成。

议案按规定由政府行政首长签署而不署政府机关名称。需要说明的是，首长署名要盖签名章，以示负责。盖一般签名章的，还需加盖政府机关印章；盖首长签名章的，则不需再盖政府机关印章。首长于正文右下方下方签署。签署之下，以行政首长签发的日期作为成文时间，用汉字写明具体的年、月、日。

代表提出的议案要写明提议案人员的姓名和联系人姓名，以及提议案人的选举单位的详细通讯地址。这种议案不是法定公文，可参照法定公文中的议案格式写作。

议案写作要注意什么

议案写作有一些特殊的要求，秘书人员在写作时要注意以下几点。

1. 必须是有议案提出权的机关按法律规定向权力机关提出其职权范围内

的事项，行政机关的职能部门不能直接向权力机关提出议案。

2.必须以党和国家的路线、方针、政策与法律、法规为依据，并切合客观实际。

3.立法议案由于该法尚未得到权力机关的审议通过，所以必须在该法的名称后面用圆括号括上"草案"二字。

4.由于行政机关与同级权力机关不是隶属关系，所以议案的文号多用"函"字。

5.议案的语言要简明准确、庄重凝练、表达严密、条理分明。

【例5-1】

××总局关于××流域污染防治作的报告

××××：

环保总局、国家计委、水利部联合制定的《××流域水污染防治2000年规划目标完成情况核查办法》（环发〔2000〕205号），环保总局会同国家计委、财政部、水利部、监察部、建设部、农业部、法制办等8个部委组成核查组，于2001年2月25日至3月5日对××流域水污染防治工作进行了全面核查。现将有关情况报告如下。

一、××流域水污染防治工作的完成情况

核查组先后赴××、××、××、××四省（以下简称四省）17地（市），实地抽查了××干流及主要支流水质、城市排污口、城市污水处理设施、工业企业污染治理设施、饮用水保证工程、河道清淤及生态保护等情况，并就××流域水污染防治工作进展、存在问题和下一阶段拟采取的措施进行了研究。

（一）总体评价

"九五"期间，××、××、××、××四省和国务院有关部门高度重视××流域水污染防治工作，认真组织实施《××流域水污染防治规划及"九五"计划》（以下简称《规划和计划》）……××流域水质恶化的趋势得到初步遏制，水污染严重地区的800多万群众吃水困难基本得到解决，××流域水污染防治工作取得阶段性成果。

（二）目标完成情况

《规划和计划》要求，到2000年底××流域水体变清，具体指标有一项水质指标、一项总量控制指标、67座城市污水处理工程和380个治理建设项目。

二、存在的主要问题

从××、××、××、××四省的自查报告和这次××流域核查的情况看，目前××流域……离群众对治污工作成果的期望还有差距。目前存在的主要问题有：

（一）工业企业按达标排放尚不稳定。（略）

（二）城市生活污水处理工程建设慢，处理率低。（略）

（三）河源污染防治工作尚未全面开展。（略）

（四）××流域自净能力差。（略）

三、下一步工作安排

从前一段工作进展情况来看，××流域水污染防治工作仍然十分繁重，需要继续采取综合有效措施，加大整治力度。下一步淮河治污重点抓好以下六项工作：

（一）尽快制订《××流域水污染防治"十五"计划》。结合"九五"规划各项工作的实际完成情况和南水北调东线工程需要，明确××流域"十五"治理目标和治理措施。

......

（六）加强水资源的合理开发利用和节约。做好水资源开发利用总体规划，实现水资源优化配置。根据水情状况，继续实行污染联防制度，制定水库水闸水量调度方案，明确主要闸坝生态环境用水量，增强水体的自净能力。同时加大节水力度，落实农业灌溉节水措施，制定污水资源化利用和实施方案，进一步利用经济杠杆促进城市节水工作。

二〇〇一年六月十五日

【例5-2】

关于暂缓调高旅游专项资金
在交通建设附加费中分配比例的请示

××市人民政府：

今年4月7日，××市委、市政府《关于加快发展旅游业的决定》(x字[××]8号)，同意建立旅游建设发展专项资金，其部分资金来源于交通建设附加费的分配，并将此分配比例从原来的5%调高到10%。对此，我委认为该措施无疑有利于筹集资金，促进旅游业发展。但当初决定征收旅业交通建设附加费的目的，主要是筹集地铁资金，现要提高旅游专项资金往交通建设附加费中的分配比例，必然减少地方资金的来源，需开拓更多的资金来源。因此，任何减少筹集地铁资金的做法都会导致工期拖长和投资增大，不利于工程建设。

鉴此，我委建议在地铁建设期内，暂缓调高旅游专项资金在交通建设附加费中的分配比例，仍执行旅游专项资金在交通建设附加费中占5%的分配比例不变。

专此请示，请批复。

××市计委

二〇一五年五月十日

【例5-3】

关于打造××城市艺术之都、提升城市品位的议案

近年来，我市城市建设在注意保持城市的特色、风貌、传统、文脉、突出城市地方特色的同时，重视城市环境艺术，提高了城市文化品位，全国七艺节的成功举办，充分展示了××城市作为艺术之都的风采。

××城市构筑艺术之都具有文化传承历史悠久、文化资源丰富、经济发达、资本充裕的优势，这些为××城市打造艺术之都奠定了坚实的基础。建议：

1.重视并加强城市雕塑艺术的建设，它标志着城市的视觉深度，是

环境的重要组成部分。

2. 注重××城市建筑的艺术性，建筑的雷同化严重影响了××城市个性与美感的形成。

3. 着力打造××路艺术一条街，制订发展规划，可以×××为中心，东起××新天地，西至××学院至××美术馆，构筑艺术一条街。

4. 减低东河（或中河、运河）艺术仓库区，充分利用沿东河、中河、运河等河道一带年代久远的厂房、旧有仓库周边的老旧民居，经修复、整理，吸引各地的艺术家来××栖居，成立各种艺术工作室，举办各种艺术活动，逐渐形成××城市的"艺术仓库区"。

5. 设立大型艺术品市场，中国的艺术品历史悠久，博大精深，它不仅具有不可再造性，不可替代性和保值增值的特点，而且有很深的学问。随着国民生活的改善和文化素质、艺术修养的提高，收藏与欣赏艺术品的人将会与日俱增。

【即学即练】

参照以上报告、请示、议案范例，结合自身工作实际，分别撰写一份报告、请示、议案范例，字数根据需要确定。

第六章

怎样写好知照性公文

知照性公文是国家行政机关或企事业单位等常用的宣布事项、发布规章、通报情况、商洽工作、答复问题、请求批准的重要文书，它主要包括公告、通告、通知、通报、会议、函等文种。

什么是公告

公告，是指政府、团体对重大事件当众正式公布或者公开宣告、宣布。在国务院 2012 年 4 月 16 日发布，2012 年 7 月 1 日起施行的《党政机关公文处理工作条例》中，对公告的使用表述为："适用于向国内外宣布重要事项或者法定事项"。其中包含两方面的内容：一是向国内外宣布重要事项，公布依据政策、法令采取的重大行动等；二是向国内外宣布法定事项，公布依据法律规定告知国内外的有关重要规定和重大行动等。

公告是宣布重要事项的手段，高级机关多用它宣布以下内容。

1. 人大代表、人大常委会委员、人大委员职务的变更、任免

2. 国家领导人的重大活动、病情

3. 重大科技实验

4. 重大事项

相应地，我们从事项上将公告分为五大类，分别是：人事任免公告、领导人重大活动、情况公告、重大科技实验公告和重大事项公告。

公告具有如发文权力的限制性、发布范围的广泛性、题材的重大性、内容和传播方式的新闻性等特点。

什么是通告

通告是党和国家机关、人民团体、企事业单位在一定范围内公布应当遵守或者周知的事项时，使用的下行文。属于周知性的文种之一，它可分为制约性通告和周知性通告两种。制约性通告具有政策性和法律性，要求有关人员必须遵照执行。周知性通告只是告知，不具备法律性。

通告的作用是对公众宣布，使人周知或遵守。它既可以内部行文，又可以公开张贴，还可以通过报刊、电台、电视台传播。同时，通告往往又是针对某个范围内的社会现象或问题而制发的，所以它公布的有关规定或办法，具有一定的规范约束作用。

按内容，通告可分为以下两大类。

1. 法规性通告

法规性通告是指向一定范围内的有关单位或人员公布应当遵守的事项，具有一定的法规效用，有关单位或人员必须严格遵守。多由领导机关发布。

2. 事项性通告

事项性通告是指向一定范围内的有关单位或人员公布需要周知的事项，如发生的新情况，出现的新问题，以及需要公众知道的新决定等。这类通告大都具有专业性和单一性，与法规性通告的区别在于不带强制性，但也有一定的约束力。

什么是通知

通知是上级机关向下级机关传达指示，批转下级机关的公文、转发上级机关和不相隶属机关的公文、发布规章、下达任免和聘用、传达要求下级机关办理和有关单位需要周知或共同执行的事项的一种公文。通知具有广泛性、晓谕性、时效性和行文方向的不确定性等特点。通知应用广泛，使用频率高，在沟通信息，有效行使行政职能方面起着极其重要的作用，应熟练掌握。

通知是现行公文中使用范围最广、使用频率最高的一种文种，它是发布事项，传达、部署工作，告知事情，批转文件，任免和聘任干部时使用的公文。一般来讲，发文机关与受文机关之间具有隶属关系，通知的事项是受文单位必须知晓或者必须办理的。

通知可分为五种：发布性通知、指示性通知、转发性通知、会议通知、事项性通知。

什么是通报

通报是国家机关、社会团体、企事业单位表彰先进、批评错误、传达重要精神或情况所使用的一种知照性公文。通报是上级机关对下级机关中的典型的先进事迹、人物进行及时的表彰，对严重的错误予以及时的批评教育，对重要的精神和情况予以迅速的传递、沟通时所用的一种下行文。

通报种类较多，通常有如下几种分法。

按照表达方式，通报可分为直述式通报和转述式通报。

1. 直述式通报

直述式通报指发文单位在通报中直接陈述其下属单位的先进事迹、典型经验、错误事实或者介绍情况，然后在此基础上做出分析、评价和处理。

2. 转述式通报

转述式通报指发文机关用转发（批转）的形式，把所属单位及外单位所反映的先进事迹、错误事实或者重要情况做分析、评价，提出处理意见，发出号召。

按照适用范围、内容及作用，通报可分为表彰性通报、批评性通报和情况类通报三类。

1. 表彰性通报

表彰性通报指对先进单位、先进人物的典型事迹进行表彰，并总结其先进经验，以点带面，树立榜样，以促进向先进单位和先进人物学习。

2. 批评性通报

批评性通报指抓住有普遍反面教育意义的错误和不良倾向，或典型的错误事件，进行严肃的批评，并分析原因和吸取的教训，达到教育和警惕的作用。

3. 情况类通报

情况类通报指上级机关把当前政治、经济、军事和社会治安等情况通报下级机关，使下级机关了解新的信息，对所通报的重要情况引起重视，更好地开展工作。这类通报具有沟通和知照的双重作用。

什么是函

作为公文的函称"公文函"或"公函"。适用于不相隶属机关之间相互商洽工作、询问和答复问题，向有关主管部门请求批准等。主要内容常用标题揭示。函的使用范围广泛，涉及各方面的公务联系。函是平行文。虽然上下级也常用函行文，但多数用于不相隶属机关之间。

"函"虽属行政公文中的一种，但其分类中的部分文种格式与其他行政公文又有区别。"函的形式"是公文格式中区别于"文件格式"的"信函格式"。有时上级机关对下级机关询问一般性问题也可用函。由于函只用来陈述情况、告晓事项，因此，除了上级机关发下的函在业务上有指导作用外，一般不具有指导作用，而具有纽带、记载或凭证的作用。

函的种类，按性质和格式，可分为公函和便函两种。

公函主要用于上下级机关、平行机关或不相隶属机关之间的行文。公函比较郑重，其格式按正式公文要求，要编号归档。

便函主要是不按正式公文格式行文的一种信件。它用来处理某些一般性的事项。使用的范围比公函要广。不一定要用公文纸，不一定要有公文编号。可以个人署名，也可以加盖公章。一般不归档。

按行文方向，可分为发函（去函与来函）、复函。

按适用范围，可分为商洽函、询问函、答复函、请求函。请求函主要用于向有关主管部门请求批准，故又称"请批函"，同时还用于不相隶属机关之间请求帮助、配合等。

怎样拟写公告结构

公告由标题、正文、落款三部分构成，具体写法如下。

1. 标题

公告的标题一般由公告机关名称、介词短语性的事项（事由）与文种构成，有的由公告机关名称与文种组成，还有用"公告"二字做标题的。

2. 正文

公告的正文一般由依据、事项和结语三部分内容构成。开头一般要求用简明语言写出公告的依据、原因、目的，无必要可以不写。事项部分，告知性公告篇段合一，结构简单；规定性公告事项繁多，分条列出，公告的决定和要求必须表达清楚。结语一般用"现予公告""特此公告"等习惯用语，以体现公告的庄重性、严肃性，也可以用要求作结，也可以不写结语。

3. 落款

公告的最后落款都标出发布机关的名称，年、月、日，也可以在文尾不落款，但应将发文时间写在标题下面。

公告写作要注意什么

秘书人员在写作公告时，还需要把握以下几点注意事项。

1.不能滥用公告

公告是国家高级机关使用的文件，非国家权力机关不能使用。车站、码头、机场发布营运情况及出售票事宜，不能使用"公告"，使用"通告"为宜。股份公司发股票、发放股息也不宜使用"公告"，使用"通告""通知"为宜。

2.公告的落款不能用简称

公告的落款不能用如"全国人大主席团""陕西人大"等。

3.撰写时要做到易读易懂易知

由于公告面广，公告撰写要事理周密无漏洞，条理清楚不啰唆，语言通俗不鄙俚，文风严肃不做作。

4.语言要严肃庄重，行文不能用议论、说明、抒情语气

公告所公布的为重要或重大事项，而且常以报刊、广播、电视、张贴等形式公开发表，所以写作时，要直陈其事，一事一告，就实公告；语言要严肃庄重，不发议论，不加说明，更不能抒情。

5.公告一般不编号

但当某一次会议或某一专门事项需要连续发布几个公告时，则应在标题下单独编号。

怎样拟写通告结构

通告的写作与公告大体一致，由标题、正文、落款等部分构成，写法如下。

1.标题

通告的标题有三种构成形式。一是由"发文机关+事由+文种"构成，如《山东省通信管理局关于进一步做好非经营性互联网信息服务备案工作的通告》；二是由"发文机关+文种"构成，如《四川省大学中专招生委员会办公室通告》；三是写文种"通告"二字。

2.正文

通告的正文由通告缘由、通告事项和结尾三部分构成。

（1）通告缘由。用以说明发布通告的原因、目的、意义和根据。通告虽是针对"社会有关方面"而制发的，但必须从全局出发，从大局考虑，所公布的需要遵守和周知的事项必须要以国家的法律、法规，以及行业管理的规定为依据。该部分要求简明扼要，常常以"现作如下通告""特通告如下"等语过渡到下文。

（2）通告事项。这部分是正文的核心。在这部分要写清楚"应当遵守"和"应当周知"的具体内容。如果事项比较简单，则可以一气呵成，自成一个段落。如果事项复杂，则可以采用条款列项的方式，逐条逐项地加以陈述。由于通告事项是面对大众的，因此，事项的内容表述应做到具体、简洁、明了、准确。要注意其内在的逻辑关系，做到前后有机结合，不互相矛盾，保持内容的一致性。同时，具体的条款规定要与相关的法律、法规的规定性保持一致，不能与有关政策法令相抵触。

（3）结尾。形式比较灵活。可提出要求、希望，也可用结尾惯用语"特此通告"作结。有时也可不写。

3. 落款

通知的落款包括发文机关和成文时间。

通告写作有什么要求

除了上面所说的写作格式外，通告写作还有其他的规定。秘书人员在撰写通告时，要注意以下几点。

1. 内容要合法有据

2. 通告事项要明确具体

3. 语言要精当得体

另外，秘书人员在写作通告时，还要注意其和公告的区别：通告与公告同属公布性公文，都是内容公开，面向公众，具有法定效力的公文，但在许多方面仍有严格区别，不可混用。

4. 内容属性不同

公告用于"向国内外宣布重要事项或者法定事项"，兼有消息性和知照性的特点；通告则是面向社会各有关方面，具有鲜明的执行性、知照性。

5. 告知范围不同

公告面向国内外广大公众，告启范围极广；通告的告启范围则相对较窄，是"一定范围"内的单位和人员。

6. 发布权限不同

公告不能随意使用，通常是国家高级领导机关才能使用，新华社、司法机关、海关以及某些政府部门经授权后也可使用；通告则是各级党政机关、企事业单位、人民团体都可使用的公文，发布形式不同。公告主要通过大众传媒发布，而通告除了公开张贴外，还可内部行文。

怎样拟写通知结构

通知一般由标题、正文和落款三部分构成。

1. 标题

通知的标题通常有三种形式，一种是由发文机关名称、事由和文种构成；一种是由事由和文种构成；一种是由文种"通知"做标题。

2. 正文

通知的正文由开头、主体和结尾三部分构成。开头主要交代通知缘由、根据；主体说明通知事项；结尾提出执行要求。在写正文之前，要在标题之下、正文之上顶格写出被通知对象的名称，在名称后加冒号，或将名称以"抄送"形式写于最后一页的最下方。

3. 落款

通知的落款要写出发文机关名称和发文时间。如已在标题中写了机关名称和时间，这里可以省略不写。

在生活、学习和工作中，人们为了晓谕某些具体事项，也常在墙壁、黑板等处写作通知，这些通知不是正式公文，写法灵活，标题用"通知"二字即可，其余各项视情况可参照法定公文的"通知"的行文部分写作，可详可略。

几种常用通知的写作技巧

通知是行政工作中频繁使用的一种公文，不同类型通知的写法也各不相同，秘书人员在撰写通知时，首先应区分通知类型，确定是哪一类通知，然后下笔写作，以免将各类通知混淆，写作时造成差错。

1. 发布性通知

发布性通知是发布法规性文件的通知。高级领导机关制发的政策性强的行政规章标题多用"颁布""发布"等字样，语气严肃庄重，与之相应，有"废止"性通知，此类通知正文要清楚交代废止的法律依据和日期。此外，下级机关、上级机关、平级机关，或不相隶属机关都可"印发"通知。

2. 指示性通知

指示性通知是给下级某项工作作指示和要求的通知。不适合发"指示"时，可发指示性通知。指示性通知有指示性质，但与指示不同，其语气和缓一些，给下级留有一定的灵活掌握的余地；内容多涉及业务、生产经营事项，覆盖面广泛，指向性和原则性相对弱一些；各级机关都可制作指示性通知。标题一般由事由和通知组成，标题下是发文字号，正文开头用引言说明制发目的、政策依据，然后分项写明执行规定和要求。

3. 转发性通知

转发性通知是批转下级机关公文，转发上级或同级机关来文给下属单位贯彻执行的通知。形式有两种：其一是只转发原文。其二是转发文件的同时，再结合本地区、本部门的具体情况，提出具体的要求和希望。上级可批转下级来文，同级只可转发通知。标题格式一般为"发文机关＋批转＋下级机关及文件事由＋通知"，标题下标发文字号。正文开头表明批转或转发态度，然后再陈述批转或转发的原则、意义和具体要求。

4. 会议通知

会议通知要求以极其简短的文字，分条写明会议的缘由、目的、依据、

名称、内容、主办单位、起止时间、具体地点、出席对象、对出席者的要求、其他有关部门事项等。

5.事项性通知

事项性通知是用于要求下级机关了解和办理某些事项的通知。正文部分由缘由、具体事项和执行要求三部分组成，缘由部分要说明行文的目的、依据、理由，具体事项部分表述要明确、具体，执行部分的原则、程度、时间等因素要交代清楚。

6.任免通知

任免通知是上级机关对任免的人员用通知的形式公布出来。任免缘由应只做粗略交代，任免人员在两个以上的要分段交代，任免职务和时间要准确无误，落款要盖章。

怎样拟写通报结构

通报的写作由标题、主送机关、正文、结尾等部分构成。

1.标题

一般通报的标题要反映三方面的内容：发文单位名称、事由和文种。但不少通报常常省掉发文单位这一项，而由事由和文种两项组成。

2.主送机关

通报的主送机关通常根据通报内容的重要性和周知面的宽窄来定，可灵活掌握，决定是否需要写。

3.正文

通报的正文的写法与一般公文不同，有其固有的规律。

表彰性通报的正文主要有三部分：一是通报的事件，要明确交代人物、时间、地点、经过、环境、结果等，以增强通报内容的透明度和真实性；其次是对事件的归纳分析，明确其性质；最后是号召向先进学习。

批评性通报的正文，首先要写清楚原因，即写清犯错误的单位或个人的姓名、单位、犯错误的时间、地点，以及犯错误的程度、性质、危害或不良影响；其次通报处理事项，申明党的纪律和行政纪律，表明处理的坚决态度和具体处理的决定，指出从中应当吸取的教训；最后重申告诫，提出具体要求和防范措施。

情况类通报的正文分前言、情况综合和要求三部分。前言部分将通报的情况进行概述，点明通报的主要内容。情况综合部分按时间先后或问题性质，逐一记叙已经发生的各种情况。最后一部分提出要求和注意事项。

4. 结尾

通报的结尾要注明发通报的单位名称和成文日期，加盖印章。标题中已写明发文单位名称的，结尾只写明年、月、日即可。有的结尾处还要注明该通报发放的范围。

如果通报有附件，应在正文中说明，并在正文左下方写上"附件"二字及附件的名称。

通报写作需要注意什么

通报写作还有其他特殊要求，秘书人员在撰写通报时要注意以下事项。

1. 通报人或事应有典型性、示范性、引导作用或教育、警戒意义

表彰性通报，有在阐述先进事迹的基础上，提炼出主要经验、意义和值得学习与发扬的精神。批评性通报要分析错误的性质、危害，产生的根源和责任，指出应吸取的主要教训等。

2. 注意事实的准确性和完整性

表彰性通报要突出主要先进事迹，批评性通报要抓住主要错误事实。

3. 通报所提要求应写得明确、具体、适当，便于执行

表彰性和批评性的通报，应写明组织结论与予以表彰或处理的决定，同时提出对表彰或批评对象与读者的希望、要求。为了防范和杜绝类似错误发生，批评性通报的结尾处，通常要有针对性地提出防范的措施或规定。传达性通报一般不写决定要求。

4. 通报系普发性公文，有时还予以公布，因而常常省略主送机关

怎样拟写函结构

函的写作一般由标题、主送机关、正文和落款等部分构成，具体写法如下。

1. 标题

函的标题有三种构成方式，一是由"发文机关＋事由＋文种"构成，多用于"文件式"公函，如《国务院办公厅关于四川大学和华西医科大学合并组建新的四川大学的复函》；二是由"事由＋文种"构成，多用于"信函式"便函，如《关于商洽选派人员参加在职研究生进修班的函》；三是由"发文机关＋事由＋收文机关＋文件"构成，如《国务院办公厅关于悬挂国徽问题给湖北省人民政府的复函》。

2. 主送机关

函属于专发性的行政公文，其主送机关只有一个，一般不抄送。

3. 正文

函的正文由函告缘由、函告事项和结语构成。函一般是一文一事，正文力求简短，其行文要求简洁明快，开门见山，直陈其事，落笔入题。

（1）函告缘由。主动去函，则要写明函告的缘由和目的，即表明商洽工作、询问问题或请求批准的理由；被动复函，则扼要写明复函的依据，其写法同批复的开头。

（2）函告事项。这是函的核心。这部分要具体写明所商洽、询问或请求批准的事项。如果内容较多，则应分条列项地表达，使受文者一目了然。如是复函，则针对来函所提出的问题、要求写出明确的回复意见。如是对请求批准的函的回复，则一般要写明同意、批准或者不同意、不批准的有关政策、法规依据，使受文者信服。

（3）结语。写明发函的目的和希望对方答复的要求，如"特此函达，即希函复"。复函的结尾常用"特此函复"，也可不用结语。

4. 落款

函的落款在右下角署上发文单位全称，并于其下写明年、月、日。

函的写作有什么要求

函是一种较正式的公文，秘书在撰写时还要注意以下一些事项。

1. 重要的公函应严格按公文格式制作，并标明"文头""文尾"中有关项目

一般性公函可用首部印有机关全称（不带"信笺""文稿纸"等字样）的公函专用首页纸，于红色横隔线下居中列出标题，标题之下靠右标注发文字号。

2. 一函一事，主旨集中单一，开门见山，直陈其事

3. 表述明确、具体，语气得当，掌握好分寸

上行时用语要谨慎、谦恭，平行时用语要诚恳、平和，下行时用语要严肃而不失宽厚。

报告、请示、函有什么区别

在日常公务活动中，经常有把报告与请示和函弄混的情况。究其原因，主要是新中国成立后把报告工作和请示问题曾经作为"报告"一种文种使用过。后来几经变革，才将"报告"和"请示"分列为两种公文。这就从历史上给人们造成一种误解，以为这两种公文文种的区别不是很严格。再者，由于报告和请示同属上行文，结构形态相似，而有关人员对"报告""请示"的概念、特点、性质、适用范围等基本知识不够清楚，所以该用"请示"的用了"报告"。另一种情况是，拟稿者没有分清平行文与上行文的关系，潜意识中想表示对商洽者的尊重，而经常把请求不相隶属的单位帮助或同意协助的函写成"请示"。对这种情况，有必要在这里将它们作一比较（见表6-1）。

表6-1　报告、请示、函特点比较表

项目＼类别	请示	报告	函
行文目的	请求上级对本单位权限范围内无法决定的重大事项，以及在工作中遇到的无章可循的疑难问题，给予答复	向上级汇报工作或反映问题、提供信息、经验和情况，以便上级更好地指导工作	与非隶属部门商洽工作，询问和请求批准需帮助解决的事务
性质	呈请性，期复性	陈述性，呈报性	商洽性
行文特点	上行文 只能递送一个主送机关，不能多头递送，不能越级请示	上行文 可以同时并列报送几个上级机关	平行文 可在平行机关、不相隶属的机关之间行文，也可以向上级机关或者下级机关行文
结果	要求给予批复	不一定回复，可要求指示	期求回复
内容	内容简明，一文一事，便于上级及时批复	内容丰富，比较详备，可以"一文数事"	要求一函一事，便于对方尽快办理与答复
时限	必须事前行文，不能先斩后奏	行文可在事前、事后或进行的过程之中	行文在事前，没有与对方商量或者没有得到对方同意，事情就无法进行
语言	主要以说明和请求口吻，言辞诚恳，尾语多用"以上意见，请予批示""以上要求，请予批准""以上请示当否，请批复"等	主要以陈述性语言，具体、详明地叙述情况，尾语多用"特此报告""专此报告"或"如无不当，请批转……"等	预期委婉、真诚，多换位思考。结尾常用致意的词语，可委婉提出时间要求。如"烦请予以大力支持为盼""……为荷"以及"敬礼"等

【例6-1】

××省公安厅关于设立禁赌有奖举报电话的公告

　　为了提高公安机关发现聚众赌博线索的能力，切实增加打击聚众赌博活动的准确性和实效性，现将我省公安厅禁赌有奖举报电话公告于此，诚请社会各界人士对发现、掌握的聚众赌博线索（包括设置赌博场所，设赌人员、设赌方式等情况）积极向我厅举报。凡提供有价值的线索，公安机关因之查获了所举报的聚众赌场所或抓获了设赌人员的，我厅将视情形予以奖励，奖励金额最小为 1 000 元人民币，最大为 10 000 元人民币。

有奖举报电话：（略）

特此公告

××省公安厅

二〇一三年五月二十八日

【例6-2】

关于互联网中文域名管理的通告

随着我国社会和经济的不断发展，提高计算机和网络的普及应用程度，合理扩大利用互联网，已成为推进国民经济和社会信息化的重要任务。为了进一步完善我国中文域名体系，规范中文域名注册服务，促进互联网健康发展，维护用户权益，现通告如下：

一、域名是对应于互联网数字地址（IP 地址）的层次结构式网络字符标识，是进行网络访问的重要基础。中文域名是含有中文文字的域名，是我国域名体系的重要组成部分。为积极推进中文网络信息资源的开发，促进网络应用普及，加快中文域名的应用，经批准，中国互联网络信息中心（CNNIC）已于 2000 年初开通中文域名试验系统并提供注册服务。

二、中文域名注册体系结构分为三层，即注册管理机构、注册服务机构和注册代理机构。注册管理机构负责运行和管理域名系统，维护域名中央数据库。注册服务机构负责受理域名注册申请并完成注册。注册代理机构在注册服务机构授权范围内接受域名注册申请。经信息产业部批准，中国互联网络信息中心为我国中文域名注册管理机构。

三、在中华人民共和国境内从事中文域名注册服务或注册代理活动，应获得信息产业部批准，信息产业部电信管理局具体负责办理审批事宜。未经批准，任何组织或个人不得从事中文域名注册管理、注册服务和注册代理活动。

四、申请从事中文域名注册服务或注册代理活动的，应当具备下列条件。（一）是依法设立的企业法人或事业法人；（二）有与从事中文域名注册活动相适应的资金和专门人员；（三）有为用户提供长期服务的信誉或者能力；（四）有健全的网络与信息安全保障措施；（五）从事中文域名注册服务的，已与中文域名注册管理机构达成相关协议；（六）从事中文域名注册代理的，已与中文域名注册服务机构达成相关协议；（七）国家规定的其他条件。

五、申请者提交的材料应包括以下内容。（一）中文域名注册服务申请书，其中应说明提供服务的条件、能力等；（二）法人资格证明；（三）从事中文域名注册服务的，应出具已与中文域名注册管理机构达成协议的相关证明；（四）从事中文域名注册代理的，应出具已与中文域名注册服务机构达成协议的相关证明。

六、信息产业部电信管理局自收到申请之日起30日内完成审查，做出批准或者不予批准的决定。予以批准的，正式批复申请人；不予以批准的，书面通知申请人并说明理由。

自本通告发布之日起60日后，未经批准在我国境内从事中文域名注册管理、注册服务和注册代理活动的，将被视为违规行为，并比照国家有关法规和规章予以查处。特此通告。

信息产业部
二〇〇五年十二月

【例6-3】

××市环保局关于转发
《××县环保局关于开展环保自检互检工作的总结报告》的通知

各县（区）环保局，各直属单位：

××县环保局是我省环保工作的先进单位，积累了丰富的工作经验。近年来，他们通过开展环保自检和互检，有效地推动了环保工作的深入开展，并取得了良好效果。他们的经验基本也适于我市。现将《××县环保局关于开展环保自检互检工作的总结报告》转发给你们，

望参照执行，以推动我市环保工作的深入开展。

××市环保局

二〇一五年二月十六日

【例6-4】

××市人民政府文件

×府〔2004〕132号

关于给予我市参加第28届奥运会获奖运动员表彰奖励的通报

各区县人民政府，市政府各部门、各直属机构：

在举世瞩目的第28届奥运会上，我市运动员不畏强手，奋力拼搏，共获两枚金牌和一项第四名、一项第九名，取得了我市运动员代表国家参加奥运会以来的最好成绩，实现了我市竞技体育在奥运金牌上新的历史性突破，为国家做出了贡献，为我省赢得了荣誉，为我市争了光。为学习和弘扬奥运健儿为国争光、无私奉献、团结协作、顽强拼搏的精神，省政府给予荣获乒乓球男子双打金牌的××同志和荣获跳水10米跳台金牌的××同志记一等功，并在全省通报表彰。市人民政府决定：给予荣获乒乓球男子双打金牌的××同志、荣获男子10米跳台金牌的××同志和获得女子曲棍球第四名的××、女子篮球第九名的××4位同志予以通报表彰并颁发奖金。

希望受表彰的运动员继续发扬胜不骄、败不馁的精神，再接再厉，创造更加优异的成绩。市人民政府号召全市人民，特别是全市体育工作者要以获奖运动员为榜样，进一步弘扬我市奥运健儿积极进取、蓬勃向上的精神风貌，奋勇拼搏，团结协作，不断提高自身素质和竞技水平，为促进我市体育事业的发展，为把我市建设成为经济强市和区域性中心

城市做出新的更大贡献。

××市人民政府

二〇〇四年九月三日

【例6-5】

国家环境保护总局环函〔2005〕412号

关于同意将××省列为全国生态省建设试点的复函

××省人民政府：

你省《关于将我省列为全国生态省建设试点的函》（×政函〔2005〕3号）收悉。经研究，现函复如下：

一、××省提出创建生态省，符合我国实施可持续发展战略和建立循环经济体系的要求。生态省建设有利于提升××省可持续发展能力，改善生态环境质量，促进生态经济发展和产业结构调整；有利于保障××、××两大城市用水安全和生态安全；对促进××地区经济社会与生态环境的协调发展，走出一条生产发展、生活富裕、生态良好的文明发展道路，具有重要的示范作用。因此，我局同意将××省列为全国生态省建设试点。

二、按照全国生态省建设试点管理的有关要求，请你省成立由省政府领导牵头、省有关职能部门负责同志参加的生态省建设试点领导小组，并设立办公室，负责日常的组织、协调和监督管理工作。

三、《××生态省建设规划纲要》已于2005年9月1日通过专家论证。请按照论证意见将纲要修改完善后，尽快报省人大批准、颁布。

二〇〇五年九月二十九日

主题词：环保 ×× 生态省试点复函

抄送：××省环境保护局

【即学即练】

　　参照以上公告、通告、通知、通报、函范例，结合自身工作实际，分别撰写一份公告、通告、通知、通报、函，字数根据需要确定。

_____

_____

_____

_____

_____

第七章

怎样写好新闻

什么是新闻

新闻是对新近已经发生和正在发生，或者早已发生却是新近发现的有价值的事实的及时报道。

理解这一定义，要注意以下三点。

1. 新闻必须是新近发生和新近发现的事实

2. 新闻所报道的事实必须是有价值的

（1）有教育作用。就像美国《现代新闻报道》的作者华连所说的那样"教诲""鼓舞"读者，也就是对读者的思想、道德、人生观有积极的引导作用。

（2）有认识作用。可以使读者获得有关社会、人生、自然、科学等方面的知识。

（3）有怡情作用。这里所说的怡情，不包括低级趣味在内。那些对影视明星的私情家事不厌其烦地加以报道的所谓新闻，实在是把肉麻当有趣。我们所说的"情"，是指积极、乐观、健康向上的情趣。

3. 新闻必须是对事件的"报道"

报道，指记者或其他新闻工作者、爱好者对有价值的事件进行采集、处理之后，再通过相应的新闻传播途径公之于世的手段和过程。新闻是报道事件的，但事件本身并不是新闻。一件有价值的事件，还必须通过"报道"才能成为新闻。

新闻的种类很多，可以从不同的角度分出不同的类别。

从内容来分，可以分为工业新闻、农业新闻、政治新闻、外事新闻、军事新闻、文教新闻、体育新闻、社会新闻，等等。

从题材来分，可以分为会议新闻、新闻公报、座谈记录、成就消息、节日消息、参观访问，等等。

从文字长短来分，又可以分为长新闻、短新闻、简讯和一句话新闻等。

按照写作特点来分，大致分为动态新闻、简明新闻、综合消息、典型报道、评述性新闻、特写性新闻（又称"新闻特写""新闻素描"或"新闻速写"）、答记者问（谈话记）、公报式新闻。

怎样起新闻的标题

一般来讲，新闻由标题、导语、主体、背景、结尾等五大部分构成。但不同类型的新闻，根据不同主题的需要，有各种不同的写法，不一定要五部分都齐全。

标题是新闻的题目。它是新闻内容的概括，内容的精粹。一则新闻的标题能够明确表达作者的观点、倾向，也能显示新闻的精神、风采和神韵。所以，标题起得好，可以使新闻大为生色，也可以吸引读者读新闻。有些好的标题，可以起到画龙点睛的作用。我们读过某些新闻，往往是内容已经淡忘而标题却深深留在我们的记忆里，甚至有些标题脍炙人口，为人们传诵。

新闻的标题和其他文体的题目不同，它常常由引题、正题和副题多行标题组成。正题就是新闻的主题目，也是实题。它反映一则新闻的主要事实或中心思想。引题也称"眉题"或"肩题"，标在正题上面，用以引出正题，往往起交代背景、烘托气氛的作用。副题也叫"子题"或"辅题"，标在正题下面，它是正题的补充，往往是一则新闻的主要事实或结果的提要。例如：

引题　一代名将叱咤风云千年古墓规模宏大

正题　关中程咬金墓发掘出珍贵文物

副题　长篇墓志披露重要史实 精美壁画再现初唐气象

不是所有的新闻都必须由三行标题组成，为了表达新闻主题的需要，有的只有正题，有的只有两行标题。例如：

"光棍堂"引来了四只"金凤凰"

新闻的标题要求题文一致，旗帜鲜明、简洁明快、生动活泼、新颖通俗、有吸引力。《关中程咬金墓发掘出珍贵文物》一则新闻的标题，正题将新闻内容精粹全部呈现在读者面前，引题又烘托出一代叱咤风云的骁将墓室的宏大雄伟，令人想起当年英雄业绩胜况及一个鲜明个性人物，有情趣，颇为生动。辅题又确凿地指出墓中的主要文物及其价值，生动而真实。《本溪何处去？茫茫烟尘蔽！》一则标题将新闻主题非常集中而生动地呈现在读者面前。《"光棍堂"引来了四只"金凤凰"》一则标题语言通俗生动，新颖活泼，喜庆风趣，饶有韵味。

怎样写新闻的导语

导语是新闻独有的一个概念和组成部分。一般说来，它是新闻的头一句或头一段话。它要概括新闻内容，提炼出新闻的精华，并揭示出新闻的主题。它是读者接触新闻之后对新闻认识的一个总概念。

导语必须吸引人。所以，秘书必须千方百计地将导语写好。有人说导语是新闻的生命，导语写得不好，新闻肯定是失败的，所以导语要像"诱饵"一样，使读者读了导语就得将新闻读下去。写好导语不仅对读者重要，对秘书也是极为重要的，通过对导语的提炼，迫使记者竭力抓住新闻的重点。

新闻导语必须突出最重要最新鲜的事实。事实提炼要精，要概括，但不能概念化；要具体，但不能堆砌。例如：

英勇的人民解放军 21 日已有大约 30 万人渡过长江。

这则导语高度概括凝练，语言铿锵有力，有一种势不可当的气概。人物、时间、事件交代得很清楚。"英勇的"这个定语使人民解放军的精神气势跃然纸上。"大约"一词运用得相当准确，给读者一种流动感、前进感，使读者通过语言感觉到浩浩荡荡的人民军队正在陆续不断地渡过长江。

导语要写得实在而不能空洞，要形象而不能笼统抽象；要新颖活泼，生动有趣。例如：

贵阳市今年冬至上市供应了一批只有"两条腿的羊"

这则导语新颖活泼，使读者发出会意的笑，幽默中充满辛辣的讽刺。

几种常用新闻导语的写法

新闻导语的写法很多，现分别介绍如下。

1. 叙述式导语

叙述式导语用摘要或概述的方法，把消息中最新鲜、最主要的事实，简明扼要、开门见山地写在消息的最前面。例如1992年4月9日《人民日报》（海外版）登的一则消息《近300对闽台男女喜结连理》，导语是这样写的：

福建省涉台婚姻日增，去年来，闽台两地有近300对男女喜结连理。

这则导语突出了这条消息的主要事实，给人以鲜明的印象。

2. 疑问式导语

疑问式导语采用设问的方式，先揭露矛盾，鲜明地、尖锐地提出问题，再做简要回答，或者在下文再做回答。这样写，能引起读者的关注和思索。例如：

谁是木星卫星的最早发现者？中国科学院自然科学史研究所副研究员席泽宗认为，是我国战国时期的天文学家甘德。……（转引自《科技新闻佳作选》，新闻出版社）

3. 评述式导语

评述式导语就是对所报道的事实进行评论，具有更强的指导性或战斗性。例如1992年3月6日《人民日报》（海外版）发表的《农业机械化程度稳步提高》一文，导语是这样写的：

农业机械在中国去年农业生产和农村经济中发挥了重要作用，使用范围更加广泛，经营效益进一步改善，为全国农业在大灾之年夺取丰收立下"汗马功劳"。

这则导语着重评述了事件的重大意义，然后才引导出事实的报道。

4. 摘要式导语

摘要式导语用最简短的语言，把所报道事件的最主要的实质问题或主题思想摘要表达出来。例如1992年3月6日《人民日报》（海外版）登的《继续推进企业股份制改革》一文，导语是这样写的：

中国企业股份制改革将坚定不移地继续推进，目前在深圳结束的全国股份制企业试点工作座谈会传出了这一消息。

这则导语，前一句话充分表达出了这则新闻的主题思想和实质问题。

5. 描写式导语

描写式导语是对消息的主要事实或其中一个有意义的侧面，做简洁朴素而又有特色的描写，以酿成气氛，引人入胜。例如1992年4月9日《人民日报》（海外版）发表的《清明期间赴闽探亲台胞剧增》一文，其导语是这样写的：

清明节的前一天，福州机场接客处聚集了一群群望眼欲穿的人们，迎接来自台湾、港澳和海外的亲人。

这则导语简洁朴素，只"一群群望眼欲穿"便描写出亲人急切相聚的悲喜心情，烘托了气氛。

尽管导语有许多类型，但写作导语不能落入什么固定的模式，要灵活多变，要活泼，切忌死板、枯燥。

怎样写新闻的主体

主体是新闻的主要部分，承接导语。主体部分阐发导语所揭示的主题思想，或回答导语提出的问题。编排材料要围绕中心，层次分明。多数新闻按照事物发展的逻辑顺序安排材料，材料之间有的是主从关系，有的是并列关系，有的是因果关系，也有的是点面关系，写的时候根据主题的需要恰当安排，或者先主后次，或者先面后点，或者由此及彼，必须将它们的关系酝酿好，才不至于引起紊乱或重复。有时，新闻的安排是按时间顺序写的，这样写要切忌写成流水账，不可平铺直叙，以免平庸。文如观山不喜平，要时刻想到使文章写得有流动感、跌宕感。例如：

张华精神有续篇　见义勇为不留名
中学生王笑峰获舍己救人好青年称号

……

去年8月2日下午，江西省贵溪市上清镇城门村卫生所医生陈登尧的12岁男孩陈舜，在井边玩耍时，不慎掉入井里。因井口小，空气稀薄，同村青年李崇旺和陈舜的父母等先后下井救人，都窒息在井底。

这时，暑假回上清探亲的王笑峰恰好到卫生所换药，见状，毫不犹豫地拿起绳子往腰上一扎，顺着井壁的铁管滑到井底，迅速用绳子绑住陈舜及其母亲。当人们把他们从井底拉上来时，王笑峰已精疲力竭。但他想到井底还有一个人未被救出，就吃力地走向井口，再次下井，在群众的协助下，将另一个下井救人的李崇旺从井底拉了上来。他本人刚被拉出井口就昏倒了。

由于在井下窒息过久，陈舜、陈登尧和李崇旺不幸死亡。陈舜的母亲曹峰经抢救脱险。

……

这个主体有时间、有地点、有人物、有事件，就像一则小故事，简洁明了的叙述，毫无烦琐、累赘之感，以真实的事实充分地表现了主题所要揭示的意义。

怎样写新闻的背景

任何新闻都是在一定环境和一定历史条件下产生和形成的，交代这些背景，有助于读者理解新闻的内容。背景对于新闻的内容实际上起烘云托月的作用。

新闻使用的背景材料，常见的有以下几种。

1.说明性的背景材料

说明性的背景材料包括如政治背景、地理环境、历史演变、思想状况、工作面貌、物质条件等。例如：

嘉峪关地理气候独特
为世界最佳滑翔基地之一

……

嘉峪关滑翔基地位于甘肃省河西走廊西端，与嘉峪关市东北郊民航机场毗邻。这里北靠马鬃山，南倚祁连山，中间为广阔的戈壁荒滩。在夏季烈日照射下，地面迅速升温，形成强烈的上升气流和动力气流，加上地域辽阔平坦，空中能见度好，嘉峪关已被国际滑翔界公认为是除澳大利亚和南非外世界上最适合开展滑翔运动的地点。

……

这则背景材料，揭示出了事件存在的意义，是对新闻的必要补充。

2. 注释性的背景材料

注释性的背景材料包括如人物的出身经历、性格特点以及名词术语、技术问题等。例如：

长江航道启用波浪发电航标灯

……

浮标波浪发电装置是安装在灯浮上的一种装置，它利用波浪摆动产生的波能转换成电能，供给航标灯光源。与目前浮标上的铝电池相比，重量减轻了 1/3，投资减少了 2/5，且功率大，电压稳，射程远。

……

这则背景材料，有助于读者理解这一科研成果的价值。

背景不是新闻的独立部分，它可以放在导语之后，也可以穿插在主体中间，也可以放在结尾部分。

给新闻结个好"尾"

好的新闻结尾可以起到深化主题、发人深思、耐人回味的作用，甚至能令读者捧腹大笑，或悲愤满腔，或拍案而起。这样的结尾实在可以使整篇新闻满堂生辉。但一般新闻如果已将事实交代清楚完毕，也无须煞费苦心想出一条绝妙的尾巴。为要装一个漂亮的尾巴而动脑筋，往往会画蛇添足，适得其反。例如《怪事，贵阳冬至上市的一批羊肉只卖两条腿》的结尾，这样写道："一只羊前门只卖两条前腿，这说明了什么？"发人深思，令人气愤，进而由此一件小事情联想起社会上的诸多怪事，怪事一成串就令人想起社会的种种弊端。

新闻结尾的写法也是多种多样的，要根据新闻的内容和报道的角度来确定。常用的写法有下面几种。

1. 小结式

小结式是对报道的新闻进行小结，使人更加明确报道这一事实的目的。例如：

改劳人制度 除企业痼疾

西缝明里享受劳保暗里从事第二职业，和干部能上不能下的两种现象改变了。

……

2. 分析式

分析式是对报道的事实，进行中肯的分析，讲出成绩，指出不足，使人认清努力的方向。例如：

上海今年大学生分配供不应求

……

有关方面分析，大学生分配需求量骤增，与国家经济形势全面回升有着密切关系。"八五"计划和十年规划中的一些重大工程建设项目陆续上马，也导致人才缺口。同时，企业用人的观念正在发生重要变化，"企业要上去，关键靠人才。"即使有些企业已满员，仍求才若渴。

3. 评论式

评论式是在新闻的结尾，对报道的事实进行评论，说明实质，点出主题。例如：

我国少数民族教育事业发展迅速
在校学生 1 400 多万人比新中国成立初提高 13 倍

……

40 多年来，我国民族教育工作积累了极其丰富的经验，取得了巨大的成就。

事实说明，只有在共产党的领导下，少数民族才能获得平等的生存、发展以及受教育的权利。

4.展望式

展望式是对新闻事实未来的发展做出展望。这种结尾，预示了事件的发展方向，引起读者对它的继续关注。例如《中国女排亮相华盛顿首场热身赛胜东道主》的结尾是这样写的：

中国女排在十天的访美期间，将与美国队先后进行五场比赛。

另外，新闻结尾还有号召式、激发式等写法。

这些形式可供写作者参阅分析，但写作时不宜生搬硬套，只要结尾与通篇一体，达到为整体服务的目的即可。

新闻写作的三大原则

社会主义国家的新闻机构要求新闻报道"必须是客观的、真实的、公正的、全面的，并且是有立场的"。与此同时，还要求新闻报道讲究时效，注重共同兴趣，并尽可能写得准确、清晰、简明、生动。

1.坚持四项基本原则，自觉执行党的宣传纪律

新闻报道应有利于社会主义的国家利益与广大人民的利益，有利于社会主义物质文明和精神文明建设，有利于社会主义民主与法制建设，有利于各民族的团结进步。在新闻报道中不得任意泄露党和国家的机密，不得宣传反动、恐怖、淫秽、迷信、伤害民族感情及其他败坏社会主义道德的内容。

2.实事求是，用事实说话

新闻界前辈陆定一同志曾说过："写新闻一定要实事求是，就是要真实，这样报纸就有威信，党也就有威信。"真实是新闻报道的生命。新闻的真实性主要包括两个方面：一是作者所报道的事实，包括人名、地名、时间、细节、数字、引语等，都必须准确无误；二是作者对事实的说明和解释应符合事实的本来面目，不能有任何曲解或掩饰。

3.迅速及时，讲究时效

最新发生、最新发现的事实，才有新闻价值，时效性越强，新闻价值就越高。在当今这个瞬息万变的信息时代，社会生活节奏日益加快，新闻媒介间的竞争日趋激烈，对新闻时效性的要求也就越来越高。因此，新闻报道一定要讲究时效性。

【范例】

海港悲歌，刻骨铭记——天津"8·12"特大火灾爆炸事故七日祭

【新华社八月十三日电】8月13日，在天津泰达第二小学安置点，市民为爆炸事故死难者祈福。

相当于20多吨TNT的大爆炸，在天津港国际物流中心区域内留下了一个比半个足球场还大的深坑。

事故第七日，这个盈满了积水的大坑，像一滴悲痛的眼泪凝固在四周焦黑的土地上，凝固成一座城市此刻的表情——今天是"头七"，是逝者灵魂安息的日子。

此刻，是悲恸难抑的萦回——人们在祭奠一座城市的英雄，悼念亡灵、抚慰伤者。

此刻，是悲壮勇毅的前进——在危机重重的现场，抢险救援仍在继续，在伤痕累累的家园，生产、生活正顽强恢复。

此刻，更有痛彻的警示——血的教训必须牢牢记取，彻查追责务必毫不手软，给历史和人民一个交代，让悲剧不再发生！

【即学即练】

参照以上新闻范例，结合自身工作实际，撰写一份新闻报道，自拟题目，字数600字左右。

_____

_____

_____

第八章

怎样写好消息

什么是消息

消息即狭义的新闻，是对新近发生或发现的有社会意义并引起公众关注的事实所进行的简明扼要、迅速及时的报道，是新闻媒体中数量最大、受众最多、影响最广泛的一种新闻体裁。消息具有沟通、宣传、指导和教育作用。消息的特点是事实性、真实性、新鲜性、简洁性。

消息可以有多种分类。

按报道内容来分，有政治消息、经济消息、科技消息、军事消息、体育消息、教育消息、文艺消息、社会消息等。

按媒体来分，有报刊消息、广播消息、电视消息、网络消息等。

按篇幅来分，有长消息、短消息、简讯等。

比较通行的是按写作特点来分，把消息分为动态消息、综合消息、经验消息、述评消息、人物消息等。

消息的三大结构类型

消息的写作要遵循六要素原则，即通常所说的五个 W 和一个 H：When（何时）、Where（何地）、Who（何人）、What（何事）、Why（何故）、How（如何）。消息必须围绕这六要素准确地报道事实。当然，不是每条消息都包含这六要素，但必然包含其中主要的要素。

消息的结构大体上由标题、导语、主体、背景材料、结语等部分构成，其中背景材料的运用要视消息的需要而定。消息的结构形式有三种基本类型。

1. "倒金字塔式"结构

"倒金字塔式"结构也称"倒三角"结构。就是把最重要、最新鲜的事实放在消息的最前面，其他内容按照事实的重要性和新鲜度的大小依次排列。倒金字塔结构便于传播最重要的新闻；便于读者用最短的时间了解最重要的事实；也便于编辑安排版面。

2. "并列式"结构

"并列式"结构即根据行文需要平行排列事实。

3. "金字塔"式结构

"金字塔"式结构就是按新闻事实发展的始末，即依照时间顺序安排材料的一种消息结构形式。它适用于前后时间跨度比较小或者有比较完整、曲折的情节或生动细节的新闻事件。

消息写作标准及技巧

秘书在平时工作中，要经常撰写消息这一文体。要想写好消息这一文体，需要掌握相关的写作要求。

1. 内容要新鲜

新鲜的内容是消息的最重要的价值。要使内容新鲜，就要在选择题材上下功夫。要在比较中发现新的事实、新的成就、新的经验、新的见解、新的问题。即使基本事实不是十分新鲜，也要选择新的角度，挖掘出新的信息加以报道。

2. 事实要准确

采写消息，一定要进行广泛的调查研究，选择真实可靠的材料，把事实弄清楚，并且要核对无误。尽量做到既要了解事件的真相，更要弄懂事情的

本质，只有接近事件本质的真实才具有强大的生命力。

3.讲究时效性

采访要快，写作要快。无数事实表明，在当今世界，同一重要事件，不要说迟发一天、半天，就是迟发几小时、几分钟，我们的消息便会在竞争中失利，在舆论上遭受不应有的损失。反之，我们讲究消息的时效性，就能在竞争中赢得主动权。

4.文笔要简练

好的消息应该做到篇幅短，容量大。也就是说，要提高消息的"含金量"，做到文简意丰。为此，要反复锤炼语言，反复提炼内容。

5.掌握基本的写作技巧

严格地说，消息的写作并无一定之规，但对初学者来说，掌握前人总结的基本经验对于提高消息的写作技能是大有裨益的。有人将消息的基本写作技巧归纳为以下几点：第一，在你没有理解事件本身之前，不要动笔去写；第二，在你不知道你要说些什么之前，不要动笔去写；第三，要表现，不要陈述；第四，把精彩的引语放在消息的前头；第五，把精彩的实例或轶事放在消息的前头；第六，注意运用具体的名词和富于动作色彩的词；第七，尽量避免自己去做主观判断或推理，让事实本身说话；第八，写作要朴实、简洁、迅速。

怎样给消息起个好标题

标题是消息的眉目，内容的精粹。它集中地反映了作者对新闻事实的认识程度和观点倾向，向人们传递出信息的精髓，对人们快速了解和掌握消息的内容有很大帮助。因此，标题要精心设计，合理安排。消息标题由主题、引题和副题三个要素构成。

1.主题

主题又称"正题""母题"，它是消息标题的核心部分，通常揭示消息中最重要、最吸引人们注意的信息。从表达上看，主题可是实题，即叙述新闻事实；也可是虚题，即评价新闻事实，揭示其意义或隐含的观点。例如：

榜上无名脚下有路

——青工董云峰业余发明获两项专利

严于律己三次让房

第一个标题中，前为引题，是虚题，后为主题，是实题，虚实结合，人们能清楚地认识事实的意义，若只取前者为主题，人们则会不知所云。第二个标题是虚实结合的，可以单独使用。

2. 引题

引题又称"肩题""眉题"。一般用来交代背景，说明原因、烘托气氛、揭示意义等。引题可虚可实。例如：

长街无处不飞花，万紫千红扮京华

——近百万盆鲜花无一丢失

湖北今年将进一步加大农业投入

——十九亿资金"上山下乡"

前一个引题较虚，后一个引题较实。

3. 副题

副题又称"子题""辅题"。一般用来补充、注释和说明、印证主题，加强主题的强势。副题一般多为实题。例如：

"阳光工程"照亮宜昌农民

——全年培训农民 8 万余次

"会翁"之意不在会在乎山水之间也

——青岛会议知多少，请看会议一览表

标题按组合的不同，又可分单行标题和多行标题。单行标题无引题和副题，只有主题。多行标题有主、引题的组合，有主、副题的组合和主、引、副题的组合三种样式。单行标题，主要用于内容比较单一的消息，如"'神舟六号'飞船将于 2005 年秋发射"；双行标题在实践中用得比较广泛，三行标题主要

用于内容比较复杂的消息，如 1982 年获奖的好新闻标题就是用了三行标题：

引题：市民普遍反映"买鱼难"

主题：那么鱼游到哪儿去了？

副题：二月九日查获大批转手倒卖的冰带鱼

怎样写出精彩的消息导语

导语是消息的开头部分，要求以简练而生动的文字概括新闻事件中最重要的内容，以引起读者的阅读兴趣，导语的写法不拘一格，常用的有以下几种。

1. 叙述式

叙述式导语又称"直叙式导语"。它以凝练的语言，直接将消息中主要的事实叙述出来，是导语最基本、最常见的写法之一，如"新华社香港 9 月 17 日电　昨天，香港特区行政长官董建华设茶会，与数百位长期默默耕耘，为香港回归和繁荣做出贡献的基层人士共度中秋佳节。"

2. 描写式

描写式导语以展示事物的形象和事件的场景为主要特征，常抓取某一生动形象、鲜明的色彩或有特色的细节加以描绘。描写应简洁而传神，力避雕饰。如"本报讯　多么威武神气的猫头鹰！一对大眼睛正在扫射着什么，翅膀微微耸起，看来它准备振翼飞扑过去，抓住那狡猾的大田鼠。这只用棕榈树桩因材施艺而雕琢成的猫头鹰，最近飞越太平洋，在美国旧金山的'中国上海民间艺术展览会'上栖息。"

3. 评论式

评论式导语即对所报道的事实进行评论，揭示其意义。如"中国在体育方面已不再是'东亚病夫'，相反，她正打算在新德里举行的亚运会上取代日本，成为亚洲首屈一指的体育强国。"

4. 对比式

对比式导语就是把有差别的事物相比较，将现在的情景与过去的情景相比，将此地之状况与别处相比较等。如"合众国际社伦敦 5 月 20 日电　24 岁的冈萨雷斯去年在马德里获得了法学博士学位，现在却在做零工，其中最好的工作是遛狗。"

5. 引语式

引语式导语即引用新闻人物精彩而生动的语言来揭示消息主题。如"'我现在不是资本家，你最好把我说成是一个商人'，荣毅仁说，'人们称我为资本家是因为我引进了资本主义的经济管理方式'"。

6. 提问式

提问式导语即用一个尖锐而鲜明的问题开头，以引起人们的关注。如"狠心的年轻父母，你是否想知道被你遗弃的小生命的近况？"

怎样写消息主体

主体是消息的躯干，紧接导语之后，是消息事实中的主要部分。主体的作用是对导语进行解释、细化和深化。对导语中涉及的内容，进一步提供有关细节和背景材料，使其更清楚、更明确、更具体。同时也补充导语中没有提到的新事实。导语中未提及而又能表现新闻主题的事实和其他要素，便由主体表述出来。

消息主体的结构一般有三种形式。

1. 按时间顺序

按时间顺序即按新闻事实发展的先后顺序来安排结构，层层推进。

2. 按逻辑顺序

按逻辑顺序即根据事物的内在联系，按问题发展的逻辑来组织材料安排结构。这种内在联系有因果关系、对比关系、并列关系、主次关系等几种形式。

3. 两种形式的混合结构

两种形式的混合结构即把时间顺序和逻辑顺序结合起来的形式。

主体部分的写作，要紧扣消息的主体取材。主体部分内容较多，所以要重视材料的取舍。若材料与主题无多大关系，即便具体、生动、感人，也应割爱。主体部分的叙事应具体，内容应充实。消息虽不像通信细致、深入地报道事实，

但也应使人们对新闻人物和事件有较完整、较真切的了解，应传达出较具体的新闻信息。

怎样写消息背景

消息背景又叫"新闻背景"，一般指消息写作过程中涉及的与新闻人物和事件发生、发展相关的历史原因和环境条件等方面的材料。它是对消息做进一步的解释，是新闻要素中"为什么（Why）"的展开。广义的新闻背景，还包括导致新闻事件发生、发展的广阔的时代背景材料。背景材料运用得好，可以烘托和深化主题；可以更加客观地展示事实的内在逻辑性；可以补充情况、介绍知识、增添情绪。背景材料在消息中位置灵活，可独立成段，也可穿插于导语、主体或结尾之中。背景材料主要有以下三类。

1. 注释性材料

注释性材料主要对物品的性能特点、科技成果、技术性问题、名词术语、文史知识、风俗人情等进行注释、介绍，以帮助人们掌握消息内容、增长知识和见闻。

2. 对比性材料

对比性材料即消息事实中所要涉及的过去与现在、正面与反面等需要进行比较的材料。通过比较，突出矛盾和差异，显出特点和价值，从而挖掘出被报道事实的深层含义，这是对比性材料所起的主要作用。

3. 说明性材料

说明性材料它往往是对与新闻事实相关的时代背景、历史演变、地理背景、物质条件、思想状况等情况做介绍和交代，用以说明事物产生的各种因素，揭示事物发生或变化的意义与价值。

消息怎样结尾

结语是消息的收尾部分。消息文本的结尾，一是对前文所报道的新闻事实予以补充，结尾是事实的现状、前景；二是对新闻事实加以概括；三是对全篇报道进行升华；四是对所报道的事实加以引申，以此启发受众思考；五是对新闻事实的意义进行点化，揭示复杂事实的本质。

好的结语，对表现消息的完整性、逻辑性和严密性，对突出和深化主题，都有重要作用。常见的结语方式有总结式、背景式、进行式、评论式等，这些结尾写作与一般记叙文结尾的写作并无大的不同。有的消息没有专门的结语。

1. 总结式结尾

例如：

校长周××表示，这次暑期集中培训只是本学期师德教育工作的一个开头，今后，要按照"三严三实"和"三新"的要求，做到师德教育落实"四个到位"，激励全体教师用爱，用实际行动诠释教育事业，人人争做一名人民满意的教师。

特别要指出的是，一些秘书人员在写结尾时，大多数是用总结式结尾，而且绝大多数人有一个"通病"，就是写成了工作总结那样的结尾。例如："我们相信，……""通过这次活动，……""本次调研会议，……"等等。在写作时应当避免这种"通病"。

2. 背景式结尾

例如：

据培训学校校长王××介绍，这期培训班时间为7天，培训经费全部由政府负责，培训结束后，凡是参加合格的均可获得花木经销员资格证书，成为该市首批持证务农的新型职业农民。

3. 进行式结尾

例如：

据了解，130位候选演员将在现场评委评定的基础上，经过"嵊州新闻"微信公众平台的观众投票，选出30位晋级小品表演环节的比赛，从中角逐参

加"我要上春晚"的拍摄名额。

4. 评论式结尾

例如：

说到底，就是没有钱，如果有哪位老板能够帮助我们建立一个高跷基金，我们高跷队让他冠名，那么，就任何事情都好办了！今年已75岁的高跷代表性传承人姚××说，他是一位德高望重的高跷热心人，当天上台表演的年轻演员都是他免费教出来的徒弟。他，几十年如一日，不计报酬，像一头老黄牛一样，默默无闻地为高跷的传承而耕耘着。

5. 希望式结尾

希望式结尾即在叙述消息事实后，在消息结尾消息事实或消息中的人物表达希望、建议、忠告，但这种表达要婉转、中肯，易于被人接受。切忌挖苦、讽刺或嘲讽、指责。

例如：

在上海浦东种菜虽已成功，但他最近仍有不少苦恼，如他在危房住宿、办公、资金等方面存在困难，他希望政府有关部门支持他一下，将园艺事业再提高一步。

除了上述结尾，还有描写式结尾、抒情式结尾、对比式结尾、补充式结尾、含蓄式结尾、引语式等。

总之，作为一名秘书，在撰写消息时要掌握写作技巧，要耐心、用心、专心去写。写稿以前，要有计划，有一个大概的思路；动笔之前，一定要打好腹稿，列好提纲；写的过程中，要静下心来，做到专心致志；写好以后，要进行反复的修改，一直到自己满意才上交。

【例8-1】

埃博拉病毒为何会导致大量出血

美联社华盛顿（2000年）7月30日电 研究人员已经确定了埃博拉病毒中导致人体大量出血的部分。大量出血是这种已经开始在非洲周期性出现的致命疾病的标志。

尽管埃博拉病毒感染并不常见也不流行，但自从 1976 年首次被报道后，由于人们对患者大量出血和高达 90% 的死亡率的恐惧，这种疾病一直受到人们的关注。

美国国家卫生研究所的研究人员在研究该病毒时发现，有一种名为糖蛋白的含有糖基的分子浮出病毒的表面。在试管实验中，研究人员发现这种蛋白质的某个部分使它能破坏内皮细胞。研究人员说，内皮细胞位于血管内壁，通过破坏内皮细胞，糖蛋白使血管出现渗漏。

这个研究小组是由马里兰州贝塞斯达的国家卫生研究所疫苗研究中心的杨致用（音）和加里·纳贝尔博士领导的，他们的研究结果已刊登在了《自然医学》杂志上。

目前针对埃博拉病毒还没有疫苗或专门的治疗方法，但研究人员的这一发现也许会有助于研制能预防或减轻这种疾病的疫苗或药物指明方向。

研究人员在研究糖蛋白时发现，这种蛋白质中被糖基改变的那部分会危害感染了埃博拉病毒的细胞。而当他们把这种蛋白质改造成不含糖基的形式，则这种蛋白质就不再破坏血管。

【即学即练】

参照以上消息范例，结合自身工作实际，撰写一份消息，自拟题目，字数 600 字左右。

第九章

怎样写好信息

什么是信息

信息作为一种客观存在，可以说无时不在，无处不有。从广义上说，信息是对事物存在方式或运动状态的直接或间接的表述。从狭义上说，信息是指具有新内容、新知识的消息。信息能够通过文字、符号、图像、数据、报表、声波、电磁波等载体反映出来，并通过载体进行传递和存储；信息不是过时的东西，而必须是具有新内容的新知识，能够作用于信息接受者。

信息的具体作用如下。

1. 领导科学决策的参谋咨询作用

决策是否正确，是否符合客观事物本身的规律性，关键就是看能否及时准确地获取足够的信息。一个闭目塞听、孤陋寡闻的领导，绝不可能有效地开展工作，更不可能做出正确的决策。一项政策制定之后，进入执行阶段和结果评价阶段，同样需要和依赖信息反馈，据此做出新的判断和决策。

2. 指导工作、解决问题的推动作用

领导和上级机关通过信息，了解情况，发现问题，同时，通过信息发布指示，揭露矛盾，对布置的工作进行督查督办，推动各项任务的完成。

3. 部门、地区之间相互学习、交流作用

运用纵横交错的信息网络，可以加强系统内部各地区、各单位和系统外

部各部门之间的联系和交流，互通情况，相互学习，推动工作。

4. 促进机关转变作用和提高工作效率的作用

信息快捷、便利、通达、及时等特点，为领导和机关了解情况、发现问题、获得情报、指导工作节省了大量时间，加快了机关工作运转速度，从而提高了办事效率。

信息由哪几部分构成

信息结构由标题、导语、主题、背景、结尾等构成。并不是每一篇信息都具有这几部分要素，有的可能有，有的可能只有其中的若干件。

1. 标题

信息的标题就是表明信息内容的短语。标题是信息的眼睛，在一篇信息中占据着首要位置。一篇信息是否有分量，价值是大还是小，首先是从标题上做出估量。

写好信息标题要注意四点：

一是观点要鲜明；二是与信息内容吻合，准确地体现信息的主题；三是要醒目、新颖使人耳目一新；四是要简洁干脆，高度概括。

2. 导语

信息的导语就是信息的开头。导语不是信息的必需要素，题文承接型信息，就没有导语。但不能说导语在信息中就没有用。事实上，有些信息的导语以精练的笔墨反映信息的要点和轮廓，可以使读者得到信息主题的总概念，有利于读者理解信息主题。导语还具有提示主题、引出信息主题等作用。

3. 主体

信息的主体是信息中叙述和展开事实的主干部分，也是决定信息质量和价值的关键部分。主体是信息的中间部分或称主要部分，它在导语之后，用充分的事实材料和典型事例把导语中所概括的内容、提出的问题或得出的结论加以展开阐述。

主体的结构方法主要有三种：

（1）顺理成章法。即在整体布局上沿着一条线索一气写下去，气势流畅，中间没有线索的间断，这种结构显得畅达，眉目清楚。

（2）并列表现法。就是将反映一个事物的不同侧面，或几件事并列起来表现一个主题思想。这种方法能够把一些表面看来互不联系的事物、现象联系在一起，在一个主题思想的统帅下，多方面、多层次地表现客观事物，增大信息的容量。这种方法对综合信息、组合信息尤为适合。

（3）逐层排列法。具体方法是，首先从丰富的信息事实中提炼出总观点，这就是一篇信息的主题思想；其次按总观点再设立若干分观点，使总观点和分观点之间具有较为紧密的从属关系；再次再按分观点的轻重排列次序，形成一个有机的整体；最后选择最典型的信息事实叙述各个分观点，使材料充分体现观点。

主体是信息中叙述和展开事实的主干部分，也是决定信息质量和价值的关键部分。

4. 背景

信息不一定都要交代背景，背景为主题服务，突出主题，起衬托作用。所谓背景，就是一件事情的来龙去脉，一个事物和周围事物的联系。有些信息，通过交代背景，确实可以起到增加信息深度和力度的作用。

在信息中交代背景要注意几点：

（1）背景一定要为主题服务。

（2）交代背景要适当。

（3）不是任何一篇信息都要写出背景。

（4）交代背景时，一定要考虑读者的实际需要。

5. 结尾

信息的结尾也不是信息必需的部分。一些信息因要表现事实的完整性和逻辑的严密性，会安排一个结尾。有些信息的结尾是小结性的，对全文加以概括、总结，起到画龙点睛加深读者印象的作用。

从哪里获取信息

有的秘书人员反映，身边眼前都是平平常常的业务工作，哪有那么多具有价值的信息呢？信息从哪里来呢？其实，只要细心观察、及时总结记录，信息是可以随时获得的。以下的方法可供参考。

1. 定期报送法

定期报送法就是对一些相对固定的题材定期向上级部门反馈报送。比如扫黄打非、市场监管信息，就多次被省委和省政府采用。

2. 横向沟通法

横向沟通法就是经常与业务部门领导和工作人员进行沟通交流，了解掌握信息线索。各个业务部门是上报信息的基本来源。尽管各处室也设置了兼职信息员，但由于有的科室对信息工作不够重视，有的兼职信息员责任心不强，更重要的是兼职信息员受部门的局限，对全局工作不了解，往往搞不清哪些信息重要，哪些信息不重要，致使许多有价值的信息反映不上来。所以，秘书人员要经常走访各科室，主动和科室领导、职员座谈了解近一个时期的工作情况，共同探讨一些政策执行中容易出现的问题，从中发现搜集有价值的信息。

3. 重点调研法

重点调研法就是围绕中心工作和局领导关心的问题，确定调研重点，深入基层进行调查研究。

4. 文件提炼法

文件提炼法就是从本单位所发文件中寻找出有价值的信息。各科室的文件是信息线索的重要来源。一个单位无论是下发还是上报的文件，一般情况下，不是对全局和业务部门的工作做出部署、提出要求，就是作概括性总结。这里面有很多有价值的信息。信息人员利用办公室管收发文的便利条件，经常查阅各部门的发文记录，从中发现信息线索后，再顺藤摸瓜，看看这项工作落实到什么程度，贯彻执行中存在什么问题，从中挖掘出有关信息。

5. 由点到面法

由点到面法就是发现点上有价值的信息后，进一步了解面上的情况。在

编发下级的信息过程中会发现，有些点上的信息很典型，也很有代表性，但是缺乏说服力。这就需要信息人员围绕点上反映的问题，去了解面上的情况，对这一类的信息进行综合，归纳出共同特点。

6. 及时反馈法

及时反馈法就是对比较有影响的、重大的突发事故、上级挂号的重要事件进行不间断的连续反馈。不仅要反馈初始的情况，而且也反馈各个阶段具体进展情况和最后的结果。

7. 政策跟踪法

政策跟踪法就是一项新的政策出台后，及时将政策实际执行情况及时反馈上去。这些信息的反馈有利于上级对新政策进行调整和完善，也容易被采用。

8. 借鉴参考法

借鉴参考法就是每月根据上级部门的信息通报，并参考信息反馈要点，借鉴其他兄弟省市上报信息的经验，从中受到启发，得到灵感。

信息的写作技巧

一篇好的信息，要用精练的文字将其表达出来，表述清楚，主题突出，信息价值才能体现出来，信息作用才能发挥出来。信息写作有其自身的特点和规律，在实际工作中，秘书人员要多细心体会，用心积累，才能运笔自如。

1. 注重时效

信息就像山里的药材，适时是宝，过时是草。要勤写快报，准确性中求快，新中求活，

实中求深，是提高信息产出率的高招实招。同样一件事，你抢先一步，可能被录用，如果滞缓半拍，很可能被打入冷宫。因此，信息写作要注重时效，一旦有重要的信息就及时整理拟写上报。

2. 把握总体规律和要求

在总体把握上，要做到以下三点：

（1）吃透上情，摸清下情。宣传工作有一句行话，叫作"紧跟上头，摸

清下头，握紧拳头，快打快收"。信息是写给领导和领导机关看的，作为信息写作人员就要把领导的需要作为第一信号、第一选择，深刻学习和领会上级部门重要文件和会议精神，熟知上级部门的年度工作安排以及上级部门刊发的各种信息载体和特点等。同时，写信息也要反映基层贯彻落实上级部门工作整体部署情况、反映基层呼声的过程等，如果不注意了解基层的情况，写信息时就会"手中无粮，心里发慌"或"失之毫厘，差之千里。"

3.实事求是，尊重客观规律

信息是为领导决策和指导工作服务的。因此，编写信息时一定要真实、准确。尊重客观事实，实事求是地编写信息。对一些关系重大的信息素材，还要经过核实，数字要准确无误，结论要符合实际，办法要切实可行，在这里虚假不行，模棱两可、似是而非也不行。

4.要体现特色

条条块块承担的职能不同，信息的产生势必各有侧重。只有注重挖掘工作中的亮点，聚焦工作中的难点，采集领导关注的热点，信息工作才能源头活水滚滚来。

5.文字讲究，条理清楚

信息的编写要中心突出，有主有次，言简意赅，语言文字要规范。

几种常见信息的写作要领

信息总体上写法是相似的，但具体到不同的信息时，写作要求是有区别的。秘书人员在写作各类信息时，可参照以下的事项。

1.经验性信息

经验性信息一个是指已经取得显著成效的经验，其写作要领一是简单交代背景和目的；二是具体介绍主要做法；三是介绍成效。

另一个是指暂无显著成效的做法，其写作要领一是选择有创新意义，能给人一定启示的做法来写；二是简单交代背景和目的；三是具体介绍做法。

2. 问题性信息

问题性信息一是指对上级正在着手重点整治的问题。这种信息采用率较高，其写作要领是把相关问题来龙去脉交代清楚，找出问题的根源和实质，并点明造成问题的责任对象。

二是指对上级正在酝酿有一定参考价值的问题性信息，其写作要领是：①指出问题；②分析问题产生的原因；③只对发展的趋势作出预测；④提出具体建议。

三是指重大事件信息，其写作要领是：①把事件基本情况介绍清楚；②按照法律、法规作出定性；③本部门采取措施。对难以定性和处理的重大案件，还可以提出请求上级予以帮助的具体内容。

3. 建议性信息

建议性信息是为领导提供决策服务最直接的一类信息，很受领导欢迎。它一般包括提出问题、分析问题、解决问题三个部分。提出的问题不宜太大，应当是比较具体的问题；分析问题要力求条理清楚，理由充足，切中要害，为提出建议做好铺垫；解决问题要提出具有可操作性的建议，力戒原则笼统。

4. 跟踪反馈性信息

跟踪反馈性信息一个是指贯彻落实上级重要会议精神的信息，其写作要领一是开头交代清楚是贯彻落实什么会议精神。二是针对会议要求解决的主要问题，把本部门的安排部署逐一交代清楚就可以了。

另一个是指反映上级重大政策举措出台后的信息，其写作要领一是及时收集情况，做到快速反应；二是在开头简要交代对什么举措的反映和所反映情况的来源；三是把正面或负面的反映以及涉及的政策条款和产生这种反映的主要原因交代清楚；四是尽可能提出具体建议。

5. 领导言论性信息

领导言论性信息是指各级领导对组织工作及管理的肯定性讲话和指导性言论。由于领导人的特殊身份，其言论对组织工作的开展具有重要的影响。

秘书人员在撰写信息时，要坚持强化质量意识、责任意识、服务意识和超前意识，撰写时注意集中精力唱好地方戏、打好优势仗，少些"大路货"、多些"土特产"，努力争取做到人无我有、人有我快、人快我新、人新我深，就能写出写好高质量的信息。

最后要谈的就是，信息只能一文一事，不要一文几事。

不要把信息与消息搞混淆了

信息与消息乍一看并无多大区别，但仔细分析，它们之间却有一些明显的差异。消息比较复杂一些，而信息则相对简单一些。秘书人员在写作时要注意区分这两种文体形式，不要搞混淆了。

大家对于信息都比较熟悉，乡镇、县直属单位都要向本级、上级党委政府报写信息，这个叫政务信息，它是用较短的篇幅、最简洁的文字，及时准确反映政府、单位工作运转情况，以及与政务活动有关的新情况、新问题，供领导决策和管理的信息形式。而消息则是新闻的主体，是传播新近发生事件的报道。消息比较复杂一些，而信息则相对简单一些。

从形式上看，消息的标题完整而全面，消息可以有引题、主题和副题，而信息却只有主题，一般没有副题，只有在特殊人物的身份需要说明和对科技信息需要补充说明这两种特殊情况之时，才有副题，但绝对不能有引题。因此，信息要采用单标题，即只有一个主题，特殊情况可以有副题。另外，任何消息都有讯头，新闻消息的讯头用来标明消息的来源，而信息不需要讯头，不需要刻意标明作者获取信息的具体地方。

从内容上看，虽然信息与新闻消息都有导语，且导语的形式大多采用"倒金字塔式"结构，即在文章开头的那一段，把最重要、最新鲜的事实放在最前面，其他内容按照事实的重要性与新鲜度的大小依次排列。在信息化社会的今天，人们要求用最短的时间得到最大和最多的信息。但是一般新闻消息的导语或主体部分可以有新闻背景，甚至有一些细节，而信息则要求直接切入正题，不做过多的展开，直来直去，言简意赅。

从语言风格上看，信息语言要求朴实、简洁、明快，不需要过多的修饰用语，信息讲求一个"短"字，行文有一说一，有二说二，不求说得多深多透，只告诉受众是什么不是什么，只求点到为止，在"短"字上见真功夫。因此，

对信息的基本要求是：信息字数虽少，但内涵要丰富，要求不摆"龙门阵"，只登"豆腐块"。信息短而实，不在乎有多长，三言两语，直截了当，把事情说清楚，抓住主要矛盾，给人以一清二楚的印象即可。而消息则可以多做渲染和铺垫，还有对背景材料的灵活应用。

【例9-1】
江西九江市印刷行业协会成立

　　2008年7月22日，江西省九江市印刷行业协会成立，91家成员单位成为该协会会员。九江地处江西北大门，近年来九江市印刷产业越来越显示出强大的生命力和稳健的发展势头。目前，全市印刷企业138家，打字复印社258家，年销售收入2.1亿元，利税超过千万元。该市印刷行业协会的成立，为广大企业搭建了一个沟通交流的平台。

【即学即练】
　　参照以上信息范例，结合自身工作实际，撰写一份信息，自拟题目，字数200字左右。

_____

_____

_____

_____

_____

_____

第十章

怎样写好通讯

什么是通讯

通讯，是一种以叙述和描写为主要表达方式，将具有新闻价值的人物或事件及时、具体、生动地予以报道的新闻体裁。

通讯和消息一样，是报刊、广播中经常使用的一种文体，两者在写作上都要求内容生动、真实具体，反映及时迅速，用事实说话。但它们又有明显的区别，在形式上，消息写作的程式性较强，一般都是由标题、导语、主体（有时要穿插背景材料）和结尾几个部分组成；通讯则较灵活，不太拘泥于上述固定格式。在内容上，消息通常只要求准确、概括地叙述一件事；通讯可以详尽地叙述新闻事件的全过程，或写比较多的人和事。在表现手法上，消息一般只是采用概括叙述加举例的方法介绍所要报道的内容；通讯则可采用多种方法，在叙述的基础上，灵活地运用描写、抒情、议论等多种表达方式，并可适当运用修辞手法，描摹人物，刻画细节，渲染气氛，以增强报道效果。在时效上，通讯不及消息那样及时、严格；发消息要求抢时间，越快越好。通讯因报道更为详细、完整，篇幅较长，采访、写作的时间也就长一些，往往对同一题材，总是消息在前，通讯在后。但发得太晚的通讯也就失去了新闻的效应。

通讯的种类，从内容上，一般可分为人物通讯、事件通讯、工作通讯、风貌通讯。

通讯的结构包括哪些

通讯的结构是多种多样的，因为生活的千姿百态，人物的复杂多样，而要反映这丰富多彩的世界，通讯就不能只有一个固定不变的结构形式。通讯的结构形式只是要求作者取材得当，结构严密，布局巧妙，将作者要表达的主题思想通过某种完美的形式表现出来。

通讯的结构和新闻大体相同。但通讯的标题很少用引题，多数通讯仅有主题。有些通讯的标题由主题和副题构成。通讯的导语往往演化为序，在题头之下就是序。序往往要交代事件的起因、缘由，或者人物的概貌，或人物、事件的概况。也有的通讯没有序，直接进入主体的描述。

在主体部分，比较短的通讯不分小节，比较长的通讯，根据内容的需要分为若干小节，各小节用数字标出，各小节之间有相对的独立性。有些通讯的小节还标出小标题，以突出本部分的内容或主题。

例如，《谁是最可爱的人》主体部分不分小节。文章写了三件不相连续的事情，作者用过渡段将它们连缀在一起，把它们的内在联系揭示出来，更有力地突出了全文的主题。文章的第一件事写的是松谷峰战役，表现了志愿军对敌英勇作战的顽强勇敢精神。这件事写完之后，用了过渡段："我们的战士，对敌人这样狠，而对朝鲜人民却是那样的仁义，充满国际主义的深厚热情。"从而转入第二个典型事例的描写：志愿军战士马玉祥在烈火中拯救朝鲜小孩。这段写完之后，又用一过渡段写道："朋友，当你听到这段事迹的时候，你的感觉又如何呢？你不觉得我们的战士是最可爱的人吗？""谁都知道，朝鲜战场是艰苦些，但他们是怎样想的呢？"从而又转入第三个典型事例的描述：志愿军蹲防空洞，雪中吃炒面，却一心想着祖国和人民。通过这三件事反映了志愿军是对敌人恨，对祖国、对人民无限热爱，有着高度的国际主义精神的钢铁战士，他们是世界上一群最可爱的人。最后由一个感情炽烈的小结道出文章的主旨，感人至深。

总之，通讯的结构要求达到：突出主题；波澜起伏，跌宕多姿；首尾照应，完整一体。在这种前提下，作者要尽力把文章写得新颖生动，不要一味步他人后尘。

提炼通讯灵魂——主题

一篇通讯，通过报道客观存在的事实来宣扬一种精神、宣传一种理念、弘扬一种行为，这就是作者的思想结晶，就是作品的主题。主题是通讯的灵魂。有了灵魂，我们取舍材料、布局谋篇、遣词造句就有了依靠。

一篇通讯，立意是否深刻，是否具有时代的特征，在很大程度上决定着它的成败。举凡优秀的、为读者喜爱的通讯，其主题必定具有鲜明的时代特色，反映时代的精神，代表时代的主流；必定紧紧扣住人民群众的心弦，与人民群众的脉搏一起跳动。《谁是最可爱的人》是一篇脍炙人口的杰作，每读此文，总会把人们带到那血与火纷飞的朝鲜战场，重新激发起人们爱与恨的感情。它震撼人心的力量就在于作者把握了1951年举国上下高唱战歌"雄赳赳，气昂昂，跨过鸭绿江"，齐心抗美援朝、保家卫国的时代脉搏，喊出了当时全国人民的共同心声："中国人民志愿军是最可爱的人！"

通讯提炼主题要做到以下几点。

1. 集中

通讯一定要有一个明确的中心，不要企图在一篇通讯中说明和解决许多问题。主题不集中，通讯就没有生命力。通讯的主题应集中在事物的本质特点上，集中在报道的目的性、针对性上，才能反映出时代的气息、精神。

2. 新鲜

通讯要有新意，要立意明确，观点鲜明。通讯的作者要以一种不满足现状、不断探索的精神，紧紧抓住现实生活中的热点、难点、焦点，进行深入的探究，发掘出新人、新事、新思想、新追求，以及切中时弊的新问题、新矛盾。

3. 深刻

通讯的主题还要求深刻，就是不停留在表面现象，不就事论事，而是由此及彼、由表及里，对事物的特点和本质、事物所蕴含的意义理解得透、开掘得深。

通讯选材要典型生动

鲁迅说过："开掘要深，选材要严。"开掘，主要是指主题思想的开掘，主题确定之后，紧接着的工作就是必须搜集大量材料，并从中精心挑选出既具有典型性又有充分说服力的材料来。只有这样，才能得心应手地表现主题。

通讯与文学创作的根本区别之一，就是通讯所报道的每一个事实必须完全真实，不允许有任何虚构。通讯的巨大感染力也就在于它是用真人真事进行宣传教育的。因此，选材时一定要选择确实、可靠的材料，不能夸张、不能虚构，即使是一个细节，有时也可以从侧面来表现一个人的思想感情，描写时不能随心所欲。

通讯在选材上还要做到典型、生动，最好能使材料"以一当十"。所谓典型，就是那些既有共性特征又有个性特点，有着广泛代表性和强大说服力的事件和材料。人们通过典型，能够举一反三，由个别见出一般，由现象认识本质。如魏巍的著名"战地通讯"《谁是最可爱的人》，选取了朝鲜战场上最壮烈的松谷峰战斗中的 14 名烈士的英雄事迹。烈士们在汽油弹的火焰把阵地烧成一片火海的危急情况下，不顾自己身上已经呼呼地冒着火苗，向敌人猛扑过去，搏斗了整整 8 个小时。当 14 名烈士英勇牺牲后，人们在战场上看到，他们有的还紧紧抱着敌人的腰，有的掐着敌人的脖颈把敌人按倒在地，有一个战士嘴里还衔着敌人的半个耳朵……这是朝鲜战场无数次战斗中最足以表现志愿军英勇顽强的一个典型。人们读完这个令人振奋的战斗故事，对烈士们肃然起敬，对残暴的敌人切齿仇恨，必然得出"中国人民志愿军是最可爱的人"的结论。

精心安排通讯主体结构

通讯主体的结构形式多种多样，没有固定的格式。选择哪一种结构方式，要根据内容和主题表达的需要而定，使文章呈现出一种匀称和谐的结构之美，来增强表达效果，更好地吸引读者。

通讯的主体结构，一般有纵式、横式和纵横结合式三种。

1. 纵式结构

纵式结构就是按事物发生、发展和变化的过程，或时间的发展顺序来安排正文的层次。这类通讯在写作过程中，事件的发展和文章的展开相一致，容易为读者理解和接受。但是，这种结构易流于拖沓、平铺直叙，所以要注意剪裁得当，详略有致，不记"流水账"。

2. 横式结构

横式结构是指按事物的性质，按事物的逻辑关系归类，将主体从不同的侧面、不同的角度分为几个部分横向排列起来，各部分相对独立而又互相联系。各部分之间的关系，可以是因果关系、并列关系，也可以是递进关系、主次关系、点面关系等，各个部分之间，或列小标题，或标以序码，层次非常清晰。横式结构有利于反映事物的内部规律，揭示事物的本质，从而产生较强的说服力。

3. 纵横结合式结构

在一些篇幅较长、事件复杂且时间跨度大、空间跨度广的通讯中，常常采用纵横结合式结构。有时整体上采用横式结构，其中某个问题又可按纵式结构，即事物发生、发展的过程来写，这就是"横"中有"纵"。同样，也可以"纵"中有"横"。这种纵横式相结合的结构方式，可以取两者之长，避两者之短，使得文章的结构更为合理。最为典型的例子就是长篇事件通讯《为了六十一个阶级弟兄》。

这篇通讯从总体上看是纵式结构，写的是抢救 61 个食物中毒民工的过程，从 2 月 2 日民工中毒开始，到 2 月 5 日民工被抢救脱险为止。而在同一时间内，北京、山西、河南的多个不同单位和无数的工作人员，都在为抢救民工奔忙。作者多次用"在同一时间内"做小标题，分别表现不同地方人们的行动，因而文章的局部出现了空间并列的结构形态。

通讯表达方式要灵活多样

通讯实际上就是一种记叙文，以叙述和描写为主，也可灵活运用抒情、

议论等多种表达方式。但通讯是新闻作品，要迅速而真实地反映现实，因此，在表达方式的运用上有自己的个性。

1.叙述的具体性

通讯因较详细而深入地报道人物和事件，事实的叙述应当具体、形象、生动，把有关的人物、事件、时间、地点和事情的原委交代清楚，忌抽象、笼统。

2.描写的直观性

通讯是新闻体裁，其描写不能靠虚拟、想象，不能靠花哨的修饰和夸大的形容，而应深入现场，亲自目睹，描写事物或人物的本来面貌，表现出新闻性和现场感。

3.议论的情感性

通讯中的议论是作者借助对客观事物的描绘和叙述所夹带的感慨，它可以是感情上的抒发，也可以是对客观事物的一种评说。精辟的说理，犀利的见解，借情表达，在通讯中往往能起到"画龙点睛"的作用，足以引起读者的共鸣。因此，有人比喻说，议论是通讯的"眼睛"，既传神又传情。当然，这种议论要恰到好处，不可冗长，要与描述结合得天衣无缝，不可故做文章，否则就成了"画蛇添足"。

【例10-1】

"太旧精神"耀三晋

杜五安

山西，曾被唐代文学家柳宗元称作"表里山河"，它内四外凸，四周被群山环抱，自古多以栈隘与域外相通。

"八五"期间，国家重点建设项目、全封闭、全立交的太旧高速公路的兴建，不但揭开了山西公路建设乃至山西经济建设史上的崭新一页，同时，工程建设者们在实践中，也为世人创造了一笔宝贵的精神财富"太旧精神"。

新春佳节前夕，中共山西省委、山西省人民政府做出决定，在全省干部、群众当中，开展学习"太旧精神"活动。"自力更生、艰苦奋斗、不屈不挠、无私奉献"。中共山西省委总结的"太旧精神"，体现出改革开放的90年代山西人民开拓进取的精神风貌，反映了物质文明和精神文明建设的辉煌业绩。

知难而上

太旧高速公路西起太原，东止晋冀交界处的旧关，全程144公里。路虽不算长，但沿线地貌变化大，地质情况复杂，80%的路段都蜿蜒在太行山的崇山峻岭之中，为施工增加了极大的难度。工期短，要求高，投资少，速度快，质量上必须创全国一流水平。

面对这样的条件，这样的要求，络绎不绝的外国投资者们虽屡经辗转、考察、概算，但最终都一个个地退缩了。他们啃不下这硬骨头，也不敢冒这天大的风险！怎么办？靠我们自己干！

山西省委、省政府下了这决心，全省人民下了这决心！省委、省政府明确提出"修建太旧高速公路，不仅是一项重要的经济任务，更是一项重大的政治任务！"

工程1993年5月动工。高速公路建设初期，遇到建设资金严重短缺的困难。面对这种情况，是坚定信心、迎难而上，还是优柔寡断、知难而退？在这重大抉择关头，胡富国同志带领省"五大班子"的领导赴太旧路现场办公，调查研究，统一了思想，坚定了自力更生、咬紧牙关、勒紧裤带、知难而进的决心。全省人民心系"太旧"，以不同的方式大力支持太旧路的建设，踊跃捐资捐物，在很短的时间里捐资达2.3亿元，缓解了资金困难。公路沿线群众识大体，顾大局，像革命战争年代支前一样支援太旧高速公路建设，他们拆新房、迁祖坟、砍果园、献良田，作出了巨大的牺牲和贡献。

顾全大局

征地拆迁，常常是施工前的一大难题。但太旧路工程却是一个例外。在不到3个月的时间里，隶属于3地（市）10个乡（镇）的18个村庄的成千上万个拆迁户，便拆迁完毕。他们就像战争年代支援前线那样全力以赴地支援太旧高速公路建设。只要筑路需要，他们拆新房不犹豫，迁祖坟不忌讳，献良田不心痛，砍果树不留恋。他们说："太旧高速公路是咱省的经济大命脉，小道理服从大道理，小复兴服从大复兴，舍小家为大家嘛！"太旧路工程共征地1.39万亩，拆迁房屋1 058户，总面积10.8万平方米，砍掉果树12万株，迁坟4 240座。拆迁户们谁也不现难色，谁也没有怨言，谁也不计得失，表现出了识大体、顾大局的崇高精神！

无私奉献

太旧路工地，就像一座大熔炉，任何人，只要一投入这太旧路工地，其灵魂就会得到铸冶，其精神就会得到升华，其世界观、人生观和价值观就会得到深刻而巨大的变化与飞跃。讲政治、讲志气、讲拼搏、讲奉献，已经成为太旧人民心中的火炬和追求的目标。工地上，时时都有捷报频传，时时都有动人的事迹出现。施工项目负责人庞成，为了抢时间浇筑桥桩，竟冒着大雪在工地上坚守了三天两夜。高级工程师高德生除完成监理任务外，还分外为一项设计修改图纸，节约工程费用100余万元。

为了给太旧高速公路作奉献，长期病体的司机开起了砼灌车，新婚燕尔的夫妇把家安在工地的窝棚里，患病的操作手一边输液一边坚持施工，已经退休的老工程师重新走上了施工第一线。即使在病榻上即将告别人世之际，他还要给工程指挥部写信表述自己的心迹：建设好太旧高速公路是我的最大心愿，但是不能自始至终地参加太旧高速公路建设又是我一生中最大的遗憾！

在太旧高速公路建设中，副总指挥刘俊谦被省委树为全省领导干部的楷模，8位党员受到省委组织部的表彰，8支突击队被评为"三项建设"优秀青年突击队，100名优秀干部、工人被火速吸收加入中国共产党，许多奋战在第一线的干部被提拔。

"太旧精神"正在三晋大地发扬光大。

【即学即练】

参照以上通讯范例，结合自身工作实际，撰写一份通讯，自拟题目，字数 800 字左右。

第十一章

怎样写好解说词

什么是解说词

解说词是解释说明人物或事物的一种应用文体。它通过说明、诠释、叙述、描写、抒情或议论，使读者、观众或听众进一步了解人物或事物的特征及本质，了解事物的历史或现状，了解事物蕴含的意义及价值，从而收到更好的宣传效果。

解说词作用有二：一是发挥对视觉的补充作用，让观众在观看实物和形象的同时，从听觉上得到形象的描述和解释，从而受到感染和教育；二是发挥对听觉的补充作用，即通过形象化的描述，使听众感知故事里的环境，犹如身临其境，从而达到情感上的共鸣。

解说词的种类众多，常见的有文物古迹解说词、重点建筑解说词、专题展览解说词、产品展销解说词、标本解说词、风景园林解说词、电影解说词、电视节目解说词、广播剧解说词、音乐欣赏解说词等。这么多解说词，如从使用的特点来分，可以分为补充视觉类和补充听觉类；从写作的特点来分，可以分为说明型和文学型两大类。

解说词是按照实物陈列的顺序或画面推移的顺序、时间顺序编写的。陈列的各实物或各画面有相对的独立性，反映在解说词里，应该节段分明，每一件实物或一个画面有一节或一段文字说明。在书面形式上，或用标题标明，或用空行表示。

解说词结构要井然有序

解说词是按照实物陈列的顺序，画面推移的顺序，镜头转换的顺序，乐曲旋律变化的顺序等来安排段落层次、谋篇布局的，因此文章的结构要有章法，线索要清楚。当然，解说词里所解说的镜头、画面、陈列物、旋律、乐章等，只是组成一个事物或人物的有机部分，它们有着相对的独立性，对它们进行解说的文字必须各成段落。但是，这些段落受到整体结构的约束，所以全篇的结构仍然清晰，井然有序。

换个角度说，解说词是附属于所讲解的事物或人物的，它不能离开实物和图像，一定要紧扣实物、图像来撰文写话，允许各段之间有适当的跳动和间隙，可以不苛求段落，丝丝相扣，过渡照应，这就是它在结构上比较自由的地方。但是，就全篇结构讲，仍然要求做到井然有序，不能因结构自由而枝节蔓生，东拉西扯；更不允许语句、段落游离于实物和图像之外。所以，撰写时一定要注意层次段落的起承转合，使全篇成为一个严谨的整体。

例如，下面列举的《世纪行》的解说词，第一、第二自然段之间跳跃很大，好像没有任何联系，但在全篇中它们的安排是有序的，虽然跳跃很大，听起来却不感到突兀。

世纪行——四项基本原则纵横谈

电视政论片解说词……

多少兢兢业业的努力，多少艰苦奋斗的心血，虽然换来了战胜自然灾害的成就，却没有阻止对"无产阶级专政下继续革命"的迷信。阶级斗争取代了经济建设。在旷日持久的"文化大革命"中，我们的经济损失约达 5 000 亿元，几乎等于建国 30 年全部基本建设总投资。

科学社会主义，马克思把它称为"激情的理性"。这种学说充满热情，同时又是科学。任何对于科学认识的偏离都会让人们付出代价，受到惩罚。

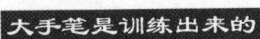

列宁告诫过人们，思想家的过分大胆，对于科学的危险性不下于普通人的懦弱和谨小慎微。但是，没有大胆的探索，没有预察未来的想象力，也就不会有科学。

在东方，在古老的中国，要从一穷二白的起点上腾飞，进行空前的社会试验，必然会遇到理想和现实之间的巨大撞击，在到达成功之前会经历许多次挫折、磨炼和困难的选择。

从20世纪六七十年代起，社会主义遇到了空前的挑战。挑战，首先来自诅咒它失败的国际势力；挑战，也来自我们本身的失误。40年前，中国人民举起双手迎接了这个朝气勃勃的新制度，40年后，人民将用同样的明智和创造迎接着社会主义的改革。再图大业就要立志改革：锐意改革首先就要战胜自我。

……

只有社会主义才能发展中国，这也是历史的结论。

有时要解说生产技术或者工作方法，就可以按照生产或工作的程序进行讲解，先干什么，后干什么，解说清楚。例如，叶圣陶先生的《景泰蓝的制作》就是一篇关于景泰蓝制作流程的解说词。它从红铜做胎开始一步一步讲解：掐丝——烧焊——点蓝——烧蓝——打磨——镀金，有条不紊。对建筑或名胜古迹、旅游胜地的解说要注意方位、方向，上下左右，东南西北逐一讲解，不可乱了阵脚。

抓住事物的本质解说

说明事物一要抓住特点，二要揭示本质。怎样才能做到这两点呢？那就是必须深入了解事物，从感性到理性地去认识它。例如，要讲解展览的产品，你就必须了解这个产品的性能、用途、特点、优点、缺点、成本、价格、生产工艺，等等。要讲解一处名胜，你首先必须了解名胜的内容、价值、地理环境、人文风俗、传说及其变迁演化等。总之，要解说哪一类事物，你必须对那一类事物真正了解。如果自己都不得要领，只懂个皮毛，如何能给别人解说得清楚？要完全了解一类事物，除了观察、调查，还必须掌握有关方面的专业知识，研究有关资料。

例如有一篇解说激光的文章就写得很好。

那么，激光是怎样产生的呢？其实，激光和普通的光一样，都是由于分子、原子中的电子运动产生的。发光的过程归根结底都是原子的电子状态变迁的结果。

但是普通光和激光之间也有本质的区别：普通光是自发运动产生的，各个原子发光总是那样杂乱无章，在发光时间上有的早，有的迟；在方向上有的向东，有的向西，有的向上，有的又向下，完全没有秩序，所以这类光源亮度提不太高。而激光却不同，它是由于受激辐射而产生的光，能使一个个原子都按统一步调，向同一方向，在同一色彩下发射。因此高度集中。激光具有亮度极高、颜色极纯、方向性极好的特性，所以激光自 1960 年问世以来，很快成为一门引人注目的尖端科学，在科研、国防、工农业生产和医疗等方面，展示出广阔的应用前景。

这篇解说词把激光的本质深入浅出地讲解出来，既通俗易懂，又抓住了激光的本质。如果作者不懂科学，不懂激光，纵有三寸不烂之舌，也解释不清其本质属性，只能是隔靴搔痒而已。

对于抽象的东西？要注意分析它的内在逻辑关系，抓住代表这一事物的本质属性，这样也就分清了主次轻重，写起来就不致本末倒置。

联系事物的功能解说

有些事物必须抓住它的功能或用途，按其主次关系来解说。主要的先解说，文字突出；次要的后解说，文字的安排也逐渐减少，做到主次分明，绝不可本末倒置。对名人的解说亦同。例如对张衡的解说这样写道：

张衡（78—139），东汉科学家、文学家。字平子，河南南阳西鄂（今河南南阳市石桥镇）人，曾两度担任执管天文的太史令。精通天文历算，创造世界上最早利用水力转动的浑象（也叫浑天仪）和测定地震的地动仪。张衡第一次正确解释了月蚀的成因，说明月光是日光的反照，月蚀是由于月球进入地影而产生的。其天文著作有《灵宪》，总结了当时的天文知识，在《灵宪》一书中，明确地提出"宇之表无极，宙之端无穷"，并认识到宇宙无限性，以及认识到行星运动的快慢与距离地球的远近有关。其文学作品如《二京赋》描写京都景象，规模巨大；《归田赋》形式短小，重在抒情；《四愁诗》《同声歌》各具特色，在五、七言诗的发展史上有一定的地位。原有集已佚，明人辑有《张河间集》。

这段解说词的重点在于介绍张衡在天文历法方面的重要贡献，尽管他也是个出色的文学家，文学界公认他为汉赋四大家之一，在文学史上占据一席之地。但对张衡来说，他最突出的成就在天文历法方面。解说词的主次、轻重安排得很恰当。

形式不同的解说词的写作要求

供观众听、读的解说词要尽可能简短扼要，以便人们短时间的驻足阅览。

供口头解说的讲解词应力避长句子和生僻的词语，让听众一听就懂。风景名胜、电影等文学艺术性较强的解说词要写得优美，让人在美的享受中对解说的事物产生美的联想。

彩色纪录片《敬爱的周总理永垂不朽》的解说词是大家公认的写得很好的解说词，它感情激越，文辞优美，如诗如画。请看下面一段：

灵车队，万众心相随。哭别总理心欲碎，八亿神州泪纷飞。

红旗低垂，新华门前洒满泪。日理万机的总理啊，您今晚几时回？

敬爱的总理啊，您怎么走得这样急？有多少问题等着您解决，有多少事情等着您处理，总理啊，您怎么走得这样急！

这一段解说词句子长短错落有致，词尾押韵合辙，读起来气韵回环往复，朗朗上口。语言充满浓郁的惜别深情，感人肺腑。解说词的内涵像诗一样丰富，引起听众无限的遐想。解说词和画面同步，使观众感到如临其境，收到了很好的宣传效果。

任何一类解说词都力戒空话，尽可能少一些连接转折等套词，只要将事物解说清楚就可以停止，注重头、尾，切忌冗长。

【例11-1】

电视片《壮丽的长江三峡》解说词

这三个峡各有其特点。瞿塘峡以宏伟雄壮著称。巫峡以其幽深秀丽而闻名。西陵峡则是滩多险峻惊人。三峡胜景丰富多彩。更有许许多多的名胜古迹，流传着奇妙动人的神话故事，令人无限神往。古往今来，多少诗人画家、名士高人慕名而来，为其吟诗作画，描绘和赞美它的千姿百态。游览三峡，饱览奇光异景，是一种非常美妙的享受。

【例11-2】

海西龙头 技术领航

××公司是厦门岛内唯一一家经厦门出入境检验检疫局认可并取得检疫处理资质的企业，为美国国家虫害管理协会和中国鼠害与国家卫生虫害防治协会的会员单位，担负着厦门岛内口岸检疫处理业务。经过八年的磨砺，公司在检疫处理技术服务方面具有很强的综合实力，先后自主研发16项专利技术，已远远超出国家提出的每万人发明专利1.7件的拥有量，为海西的海港、空港构筑了一道口岸公共卫生的安全防疫屏障。

公司在全国口岸同行中乃至在海西现代服务企业中为第一家也是唯一一家通过BPO领域认定的高新技术企业。

公司连续三届获厦门市技术市场协会"金桥奖"；获中国生产力促进中心协会"生产力促进奖"；获中国技术市场协会"集体金桥奖"。

【即学即练】

　　参照以上解说词范例，结合自身工作实际，撰写一份解说词，自拟题目，字数 500 字左右。

第十二章

怎样写好板报与墙报

什么是板报、墙报

　　板报和墙报是以黑板或墙壁为载体的文化园地。墙报和板报的内容大体相同，只是形式上略有差异。墙报可以写在墙壁上，也可以用毛笔或钢笔写在纸上，然后张贴在墙上，所以有人叫它壁报。很多单位在节日里出墙报，用以表示庆祝、纪念。因为墙报与板报相近相似，所以把它们放在一起讨论，以介绍板报的作用、写法为主，同时适当介绍墙报的作用、写法。

　　板报是随着近代教育的发展，用黑板作为教具以后，逐渐发展起来的一种为人们喜闻乐见的通俗明快的报。板报的特点是方便、经济。它使用的工具简单——一块黑板，几支粉笔；出版方便——一个人组稿，两三个人抄写、制图，几个小时就可以办完；看读容易——人们在休息时间，或路过、散步时间，三五分钟就可粗略看一遍，或精读其中一篇文章。这样一种既方便省时又经济实用的宣传方式，已成为群众的良师益友。所以，板报和墙报在广泛地发挥作用，无论是在城市还是农村，在学校还是工厂，在街道还是营房，随处都可以看到这种大则两三平方米，小则一平方米、半平方米的宣传栏。它们既是用以开展宣传教育的好武器，又是群众进行自我教育的好形式，正在发挥着积极的作用。

　　每期板报都应该有报头、出版时间和编者。每期的内容都要求文体多样化；有消息、短评、文章、言论、摘抄、文艺作品，等等，还必须图文并茂，

精心安排版面，合理使用色彩，以期达到好的宣传效果。

板报和墙报的内容，大体可分为评论、报道、小知识、资料摘录、文艺作品等。

板报、墙报写作标准

板报和墙报既灵活、短小，又经济方便，比任何报刊都更能直接、快速地深入群众，是宣传战线上的轻骑兵；办好一块板报和墙报，就是在一个单位请了一个好的宣传员。所以，作为单位的秘书人员，平时应该很好地研究一下板报和墙报的特点及写法，如何将板报和墙报办得更好，以顺利完成上级交给的任务。

1. 要有针对性

要研究板报和墙报的读者，看看他们关心什么，想干什么，然后有针对性地组织文章或掀起讨论。这样大家才会认为这块板报和墙报很实际，才会去看它，向它投稿。

2. 版面设计要活泼，文章类型多、篇幅短小

这样读者才会在休息的空隙，或路过的间隙或散步的中间停下来驻足观看。一般来讲，文章不要超过200字。

3. 文字力求具体生动

文章要写得短，还要写得具体，有内容，空洞的口号群众不喜欢看。

4. 通俗化的语言

尤其是农村或连队的黑板报和墙报，要让读者感到亲切。语言艰涩，句子太长，都不会适合群众的口味。

评论写作小技巧

板报和墙报上的评论是板报编者的观点和态度，或者是编者转引其他报

刊的言论，目的是宣传党在各个时期的路线、方针、政策，或解决读者的一些思想认识问题。这种评论的内容非常集中，有时只有标题，有时只有论点和结论，论证过程简明扼要。

例如：

坚定不移地发展乡镇企业

要实现"小康"目标，没有工业，没有乡镇企业的发展，仅仅靠农业是办不到的。可以这样说，要实现我国经济发展的第二步战略目标，90年代国民生产总值再翻一番，人民生活达到小康水平，没有乡镇企业的继续发展是绝对办不到的。没有乡镇企业的大发展，就没有农村的小康，没有农村9亿人口的小康，就很难实现全国11亿人口的小康。这是显而易见的。因此，对发展乡镇企业的政策要坚定不移，不能摇摆。

板报和墙报上的评论写作必须简短明白，观点一目了然，往往题目就是论点或导语。

报道写作小技巧

板报和墙报上的报道多为本单位的好人好事，本单位新闻或者国内外的简明新闻。这些报道要写得简短通俗，不要长句子，要开门见山，直截了当叙述事实，事实一交代完，立即停笔；不要套话、空谈或多余的话，要做到短而有内容。

例如：

康红牢为办学捐资十万

吉祥村新校舍即将动工吉祥村康红牢为兴建吉祥小学捐资10万元。村委会决定在原小学校址东边新建一座二层楼房的校舍，共有教室10间、教师住房及教研活动室4间，可容纳学生500名。在他的带动下，康红军也捐资1万元。他说："娃们要有大出息，自小一定要念好书。捐钱我们不心疼，这是把钱用在刀刃上。"昨天的村民大会上群众为他俩披红戴花，场面十分热烈。

小知识的刊登

板报和墙报要办得好，必须注意文章的知识性和趣味性，所以常常安排一些与读者实际需要紧密结合的知识。例如学校的黑板报和墙报常常登些实验小故事、多种解题法，出点思考题等。企业、公司或单位的黑板报和墙报可以介绍一点相关常识，如管理方法、企业家小传、小故事，等等，人们会感到既有趣又实用，也就乐意看了。

例如：

癌瘤的警告信号

世界卫生组织提出 8 个警告信号作为早期癌瘤征兆的参考：

1. 可触及的硬结或硬变，如在乳房、皮肤及舌部；

2. 疣（赘瘤）或黑痣明显变化；

3. 持续消化不正常；

4. 持续性嘶哑、干咳及吞咽困难；

5. 月经期不正常大出血，月经期外出血；

6. 鼻、耳、膀胱或肠道原因不明的出血；

7. 不愈的伤口，不消的肿胀；

8. 原因不明的体重减轻。

资料摘录的刊登

为了使人们获得有关资料，黑板报和墙报也经常摘录一些资料或统计数字，但这必须面对读者，资料的价值就在于它的可用性。摘录资料一定要准确无误。

例如：

国有企业必须进行四个变化

深圳有句口头禅：企业出了问题不找市长找市场。这就是他们改革的成功经验：把企业推向市场。企业要逐步成为自主经营、自负盈亏、自我发展、自我约束的社会主义商品生产经营者，就必须有四个变化：

一、变企业只能活不能死为既能活又能死；

二、变干部只能上不能下为既能上又能下；

三、变工人只能进不能出为既能进又能出；

四、变工资只能升不能降为既能升又能降。

【例 12-1】评论

　　我们的目标：一切为了发展社会生产力！

　　科学技术是第一生产力。

【例 12-2】报道

全国十大"财神"县

　　1991 年全国十大"财神"县座次已经排定：

　　广东省顺德县县财政收入 4.81 亿元；上海市嘉定县县财政收入为 4.48 亿元；广东省南海县为 4.4 亿元；浙江省萧山县为 4.1 亿元；江苏省无锡县为 3.94 亿元；上海市川沙县为 3.92 亿元；上海市上海县为 3.57 亿元；浙江省绍兴县为 3.53 亿元；上海市南汇县为 3.49 亿元；江苏省常熟市为 3.37 亿元。

【例 12-3】小知识

健康新概念

　　世界卫生组织对健康的定义提出 10 项内容：①精力充沛；②处事乐观；③睡眠良好；④适应能力强；⑤能抵抗一般性疾病；⑥保持标准体重；⑦眼睛明亮；⑧牙齿完整；⑨头发有光泽；⑩肌肉皮肤弹性好。

【例12-4】资料摘录
三年治理整顿的成果

从总体上来说，治理整顿的任务已经基本完成。严重的通货膨胀得到了控制；混乱的经济秩序得到了治理；结束了农业连续四年徘徊的局面，农林牧副渔得到了全面发展；总供给和总需求基本平衡；国民经济开始走上持续稳定协调发展的轨道。在治理整顿中改革开放的程度不但没有停止，反而得到了适度发展。

【即学即练】

参照以上评论、报道、小知识、资料摘录范例，结合自身工作实际，自拟题目，分别撰写评论、报道、小知识、资料摘录，字数根据需要确定。

第十三章

怎样写好发刊词

什么是发刊词

发刊词是报纸杂志创刊之时向读者"亮相"的"宣言"，是帮助读者了解自己，扩大影响的一篇关键性的说明文。

刊物创刊号上说明本刊的宗旨、性质等方面的文章。它是编者在读者面前的第一次亮相，也是编辑创办该报刊的"宣言"，因而有助于读者对报刊的了解，能帮助报刊迅速扩大影响。发刊词有时为了显得别致一点，也称"见面的话""开篇絮语""致读者"等。

发刊词由哪几部分构成

发刊词由以下几部分构成。

1. 标题

发刊词的标题或径标"发刊词"，或为别致起见，标为"见面的话""开篇絮语""致读者"等。

2. 正文

发刊词的正文包括本报（刊）的性质、宗旨、方针、读者对象以及稿件

方面的要求等。写法多种多样，或明白晓畅，或含蓄深沉，或气势磅礴，或舒徐婉转，不过，这种风格仅和本报（刊）的性质相关，要显示出个性。

3.签署

发刊词的签署报刊编辑及日期。

发刊词写作有什么要求

发刊词在写法上，可以百花齐放：或明白晓畅，如晴川丽日；或含蓄深沉，如林海云涛；或激情磅礴，如大江东去；或舒徐婉转，如幽兰飘香……这种不同的风格，和报刊的性质有关，和特定的时代气氛有关，也和编者的审美情趣、精神气质有关。但不管以什么面目出现，一般都应包括以下基本内容。

1.介绍本报（刊）的性质

2.阐述办报（刊）的宗旨

3.明确读者对象

4.宣布办报（刊）的方针

5.提出关于稿件方面的要求和对作者、读者的希望

当然，秘书人员在具体写作时，不必面面俱到，而应有所侧重，有所创造，突出特点。一个报刊要有自己的个性，在发刊词上就要体现出来。所以，发刊词写法要因刊而异。为了取得良好的宣传效果，发刊词除了旗帜鲜明、富有个性之外，还应注意态度的诚恳，要让人有亲切感。

【例13-1】

弘扬诗词艺术——《中华诗词》发刊词

在我中华民族的文化宝藏中，传统诗词有着特别突出的地位。这不仅由于它历史悠久，作品丰富，而且还因为它具有深刻广泛的社会内涵和无与伦比的诗词美。我国的传统诗词最能体现汉语声情意象之美，具有超越浩茫时空的活力。许多优秀诗篇成为千古绝唱，深深植根于人民

之中。中国的文学史在悠悠数千年间首先是一部诗歌史。传统词对于华夏文化传统的形式，人民心理素质的培育，产生着巨大的影响。诸如爱国主义、忧患意识、博爱情怀、教化思想、理性思考之类，都是诗词中高扬的旋律。它在陶冶情操、砥砺意志、增进道德修养和增强民族凝聚力方面，都潜移默化地发挥着重要的作用，至于传统诗词在诗艺方面的成就，更是有口皆碑举世公认的。我们要研究和继承祖国的这份宝贵遗产及其优良传统，并加以发扬光大。

"诗言志、歌咏言。""诗文随世运、无时不趋新。"传统诗词从来具有与时代同步前进的特点。我们今天已经是伟大的社会主义时代，十几亿人民群众正在中国共产党的领导下，为建设富强、民主和文明的社会主义现代化国家而奋斗。诗词也和其他上层建筑一样，必须服务于它的经济基础——社会主义。今天的诗词创作必须在题材、思想、感情、语言、韵律等方面力求遵循和体现时代精神。这是我们时代诗词事业成败的关键。因此，我们在努力继承诗词传统的同时，必须着意于改革、创新。任何因循守旧的保守思想都是要不得的。

"五四"新文化运动中，传统诗词曾受到了严重冲击。当时文坛上确实存在着无病呻吟、思想陈旧、热衷用典、佶屈聱牙等诸多流弊，给予冲击，加以批判和改革，是必要的。在提倡白话文的同时，创造出白话诗体，也是历史的必然和积极贡献。我们对于"五四"新文化运动的这种革命精神和成就要给予充分肯定。问题在于它当时受历史条件的限制，先驱者们还未能做到完全用马克思主义的科学世界观去观察和处理问题，以至对传统诗词不加分析，以偏概全，陷入形而上学的民族虚无主义，把整个传统诗词都视为"僵死的文学"，一律打倒，对新诗则要求"另起炉灶"，使之脱离中国诗歌的民族传统。这也就是70多年来传统诗词处于被冷落歧视地位，新诗的发展也受到某种局限的历史原因。我们应当从历史经验方面受到教益：一方面，要努力继承"五四"新文化运动的革命精神，继续致力于传统诗词的改革和创新；另一方面，要注意清除新文化运动偏差所产生的消极影响，对付传统诗词的改革采取十分谨慎的态度。

一位海外华裔诗人说得好："传统诗词永远是一条打不死的神蛇。"70

多年来，许多政治家、军事家、文学家和人民群众继续创作传统诗词的事实，许多优秀诗篇在人民中广为流传，经久不衰的事实，说明了传统诗词不仅为人民所喜闻乐见，而且可以适应新的时代，具有顽强的生命力。

毛泽东是伟大的革命家，同时又是一位伟大的诗人。在半个多世纪的革命生涯中，他始终热爱传统诗词，创作传统诗词。他尊重诗词传统，但又勇于创新。他是诗词革新的能手，又是"旧瓶装新酒"的典范。他的诗词作品富有时代精神，并且意境深远，韵味浓郁，达到了思想性与艺术性的高度统一，成为全国人民最宝贵的精神财富。毛泽东的诗词理论具有深邃的思想和远见。我们要认真学习毛泽东诗词，研究毛泽东诗词，从毛泽东诗词中吸取深刻的教益。

党的十一届三中全会以后，在中央正确路线的指引下，随着经济的振兴和文化的繁荣，传统诗词也开始走出低谷，迎来了灿烂的春天，传统诗词走向振兴。

新诗也正在茁壮成长。新诗在"五四"之后的历史征途中，曾为抵御外侮、社会变革吹起了响亮的号角，现在又为促进社会主义精神文明建设贡献力量。新诗与传统诗词实际是当今吟坛上的并蒂之花，相互辉映，相辅相成，共同创造着中华诗的未来。

作为中华诗词学会会刊的《中华诗词》的出版，对于振兴传统诗词，促进社会主义精神文明建设，团结海内外诗人词家和广大诗词爱好者，具有十分重要的意义。

【即学即练】

参照以上发刊词范例，结合自身工作实际，撰写一份发刊词，自拟题目，字数500字左右。

_____

_____

_____

第十四章

怎样写好演讲词

什么是演讲词

演讲又叫"讲演""演说"，是指演讲者在特定的场合中（时间、空间和情境），面向听众，凭借自己的口才，运用有声语言和态势语言的艺术手段，通过阐明道理、抒发感情、发表个人见解，从而使听众受到感召的一种现实的社会语言交流活动。

演讲的具体含义如下：

（1）演讲是一种实践语言，演讲中的讲话不同于书面语言，它具有口头语言的特点。

（2）演讲是面对听众的讲话，在演讲现场，演讲者与听众的信息交流和感情互动形成了特定的时空情境。

（3）演讲是演讲者以发表见解、阐明道理的讲话形式，来体现演讲的主题和目的。

（4）演讲具有一定的表演成分，演讲者在演讲过程中，要借助相应的艺术手段增强演讲的感染力。但它又不同于一般意义上的表演，主要是演绎和阐释，更不是朗诵。

演讲稿又叫"演说稿"，它是在大会上或其他公开场合发表个人的观点、见解和主张的文稿。演讲稿的好坏直接决定了演讲的成功与失败。

演讲词也叫"演讲稿",它是领导在较为隆重的仪式上和某些公众场合发表的讲话文稿。演讲稿是进行演讲的依据,是对演讲内容和形式的规范和提示,它体现着演讲的目的和手段。

演讲稿像议论文一样论点鲜明、逻辑性强、富有特点,但它又不是一般的议论文。它是一种带有宣传性和鼓动性的应用文体,经常使用各种修辞手法和艺术手法,具有较强的感染力。

一篇演讲词由哪些要素构成

演讲未必都使用演讲词,不少著名的演讲都是即兴之作,但重要的演讲最好还是事先准备好演讲词。领导有时会自己写好演讲词后交给秘书润色,有时则先让秘书撰写演讲词,秘书写好后领导自己再审阅修改。

因此,秘书在替领导撰写演讲词时,事先了解一下演讲词的结构及相关写作细则是很有必要的。

不同类型的演讲词结构略有不同,但通常由开头、主体、结尾三个部分构成。

1. 开头

演讲的开头,也叫"开场白"。它在演讲词的结构中处于显要的地位,具有特殊的作用。演讲词的开头,通常有以下几种:

(1)开门见山,揭示主题。一般政治性的或者学术性的演讲词都是开门见山,直接揭示演讲的中心。运用这种方法,必须先明确把握演讲的中心,把要向听众揭示的论点摆出来,使听众一听就知道讲的中心是什么,注意力马上集中起来。但这种方法容易显得过于平淡、冷静,很难吸引人。

(2)说明情况,介绍背景。运用这种方法开头,一定要从演讲的中心论点出发,不能信口开河,离题万里,更要防止套话、空话,败坏听者的胃口。

(3)提出问题,引起关注。写演讲词的开头,可根据听众的特点和演讲的内容,提出一些激发听众思考的问题,以引起听众的兴趣。这种问题应该新颖、独特,确实能促使听众去思考。

2．主体

演讲词在开头后要迅速转入主体，这是演讲的正文和核心部分，也是演讲词的高潮所在，能否写好，直接关系到演讲的质量和效果，内容的安排，应注意以下几个问题：

（1）确定结构形式。演讲词的形式比较活泼，或旁征博引、剖析事理，或引经据典、挥洒自如，或层层深入，或就事论事。结构形式不管怎么样变化，都要求内容突出、问题说透、推理严密、层次清晰、情理交融。

（2）认真组织好材料。演讲词的理论依据和事实论据的组织安排要适当。首先必须保证例证的真实性、典型性。演讲词不能太长，一般30分钟左右最好。内容要求言简意赅、起到画龙点睛的作用。

（3）构筑演讲高潮。一个成功的演讲，不可能没有高潮。要体现三个特点：一是思想深刻、态度明确，最集中体现演讲者的思想观点；二是感情强烈，演讲者的爱恶、喜怒在这里得到尽情宣泄；三是语句精炼。

3．结尾

演讲词的结尾，是主体内容发展的必然结果。结尾或归纳，或升华，或希望，或号召，方式很多。好的结尾应收拢全篇，干脆利落，简洁有力，切忌画蛇添足，节外生枝。结尾方式通常有引导式，希望式，感慨式和抒情式。

演讲词写作有什么要求

秘书人员在撰写演讲词时，还要把握以下几点事项。

1．了解对象，有的放矢

演讲词是讲给人听的，因此，写演讲词首先要了解听众对象，了解他们的思想状况，文化程度，职业状况如何；了解他们所关心和迫切需要解决的问题是什么，等等。否则，不看对象，演讲词写得再花工夫，说得再天花乱坠，听众也会感到索然无味，无动于衷，也就达不到宣传、鼓动、教育和欣赏的目的。

2．观点鲜明，感情真挚

演讲词观点鲜明，显示着演讲者对一种理性认识的肯定，显示着演讲者对客观事物见解的透辟程度，能给人以可信性和可靠感。演讲词观点不鲜明，就缺乏说服力，就失去了演讲的作用。演讲词还要有真挚的感情，才能打动人感染人，有鼓动性。因此，它要求在表达上注意感情色彩，把说理和抒情结合起来．既有冷静的分析，又有热情的鼓动；既有所怒，又有所喜；既有所憎，又有所爱。当然这种深厚动人的感情不应是"挤"出来的，而要发自肺腑，像泉水一样喷涌而出。

3.行文变化，富有波澜

构成演讲词波澜的要素很多，有内容，有安排，也有听众的心理特征和认识事物的规律。

【例14-1】
李彦宏2011年百度年会上发表的讲话

各位亲爱的百度同学，大家好！

非常开心又和大家相聚在一年一度的百度年会。每年站在这里，我都会发自内心地感觉到温暖，都会觉得有很多话想和大家交流。因为这个时候大家聚在一起，意味着我们又共同走过了整整一年，又要在下一轮寒暑交替中迎来新的工作、生活和期待。

"年年岁岁花相似，岁岁年年人不同。"记得2009年年会时我曾经感慨，总算把分散在不同地点的同学们聚集在一起，在百度大厦办公，我们又能像一家人一样在一起快乐地工作。从2009年到现在，也不过两年时间，我们的员工就从7 000多人增加到将近15 000人，总部办公地点就又变成了大厦、首创和奎科遥遥相望的格局。但是无论我们是不是在一栋楼里办公，我们的事业都在一起，我们的努力和成绩都在一起，我们的心都在一起！

过去的一年，是硕果累累的一年，是我们朝着新十年目标大步迈进的一年。我们圆满完成了年初制定的各项任务，公司业务快速增长，十周年时我们所制定的业绩增长40倍的目标，以今天的业绩为基数，已经只剩下11倍了。除了发展我们的核心搜索业务外，我们还推出了易平台，为移动互联网领域的发展打下基础；在国际化方面，我们进一步打通了总部技术平台资源，除了日本，我们也已经开始在东南亚、非洲等其他国家和地区提供服务。所有这些，都对公司未来的发展意义深远。

在这里，我要由衷地感谢每一位百度同学。是你们的辛勤工作，聚合成百度2011年最闪耀的风采。谢谢你们！

回首共同走过的2011年，有很多感慨。今天也想借这个机会和大家分享一下。

首先，是我们沿着使命前行的成就感。

成就感往往来源于一些小事。今年6月，市场部基于一个真实的案例，做了一条片子，讲一个清洁工为了女儿，通过百度视频学完了迈克·杰克逊的舞蹈动作，然后参加比赛获了奖，片子最后定格为"平等地成就每一个人"。这个片子不仅感动了我，很多客户和合作伙伴看了之后也很感动，觉得这些年跟百度在一起，在做一件很有价值和意义的事情。是的，我们的产品除了给大家带来影音的欢愉，资讯的丰富，我们也在平等成就每一个老师，不管他们在哪里，都能分享网上最好的教案和课件；我们也在帮助每一个心急如焚的妈妈，在她们的孩子发烧时，能够迅速获取知识、采取正确的退热措施……无论教授还是牧民，无论老人或是孩子，他们渴求的信息会因为百度这个平台而触手可及。当那么多的用户在用百度的产品，成就自己每一个小小的愿望时，我感受到我们工作的伟大意义。

2011年百度推出了新首页。从"即搜即得"到"即搜即用"，再到"不搜即得""不搜即用"，我们实现了让用户获取信息从"一步到零步"的跨越。这是百度首页自诞生以来变化最大的系统工程。大家都看到了百度世界大会上新首页的闪耀登场，但很多人可能并不知道，新首页的背后我们的技术工程师和项目团队夜以继日的奋斗故事。负责新首页导航数据挖掘的团队，他们只有7个人。完成这项任务，公司只给了他们58天。在这短短58天时间里，他们汇总、整理和分析了2 000多万用户的历史数据，为将近600万登录新首页的用户提供了高度准确的自动导航服务。到了项目后期，时间已经非常紧张，他们抓紧每一分钟对产品进行第二次、第三次的迭代。我和PM在这期间对产品提出了很多问题和意见，无论是上班时间，还是下班之后，甚至是午夜或者凌晨，总是能看到他们很快地做出反应和调整。后来大家谈起这件事情，想知道激励他们这样日夜为之奋斗的动力是什么，他们的解释却很简单。他们就觉得这是一个非常有意义的方向，通过首页导航能够帮助更多人更好地使用互联网，每个人都是发自内心地喜欢做这件事，不仅没觉得这是什么奉献或牺牲，反倒有一种无可替代、舍我其谁的责任感和成就感。

百度一直是一个有理想、有使命感的企业，这种力量激励着我们在座的每一个人，哪怕离开了这里，这样的理想和信念仍然流淌在他们的血液中。

……

今天我们已经走进 2012 年，对于 2012 年的传说有很多，2012 年也因此具有很多的神秘色彩。我个人是不相信世界末日和灾难预言的。但我们愿意相信，我们所做的事业，是为中国更多的普通百姓，打造知识海洋的诺亚方舟，帮助他们最平等便捷的获取信息，摆脱贫穷、消除歧视，成就每一个人的梦想！

2012 年，我们将继续在使命和责任的道路上前行，我们也将收获更多的感动、更多的成长和更多的幸福时刻！

【即学即练】

参照以上演讲词范例，结合自身工作实际，撰写一份演讲词，字数 1 000 字左右。

第十五章

怎样写好开幕词

什么是开幕词

开幕词是会议讲话的一种，指在比较郑重的大中型会议开始时，由会议主持人或主要领导人所做的讲话，旨在阐明会议的指导思想、宗旨、重要意义，向与会者提出会议的中心任务和要求，对会议有着重要的指导作用，具有宣告性、提示性和指导性。

开幕词按内容可以分为侧重性开幕词和一般性开幕词两种。侧重性开幕词往往对会议召开的历史背景、意义或会议的中心议题等做重点阐述，其他问题则一带而过。一般性开幕词只对会议的目的、议程、基本精神、来宾等做简要概述。

开幕词具有简明性和口语化的特点。简明性指简洁明了，短小精悍，忌长篇累牍，重复啰唆；口语化指语言通俗易懂，生动活泼，适合口头表达。

一篇开幕词由哪些要素构成

开幕词一般由首部、正文和结束语三部分构成，各部分写法分别阐述如下。

1. 首部

开幕词的首部一般包括标题、时间和称谓。有些还在时间下一行正中写

上致辞人的姓名。

（1）标题。一般由"事由＋文种"构成，如《中国共产党第十二次全国人民代表大会开幕词》；有的标题中还加入了致辞人的姓名，其形式如《×××同志在××大会上的开幕词》《在××会议开幕式上×××同志的讲话》；还有些采用复式标题，主标题揭示会议的宗旨、中心内容，副标题与前两种标题构成形式相同，如《我们的文学应该站在世界的前列——中国作家协会第四次会员代表大会开幕词》；也有些标题较简单，只有文种，如《开幕词》。

（2）时间。时间位于标题之下正中，用圆括号括上，注明会议开幕的年、月、日。

（3）称谓。在时间的下一行顶格书写。根据会议的性质及与会者的身份确定，如"同志们""各位代表、各位来宾""女士们、先生们"等。

2．正文

开幕词的正文由开头、主体和结尾三部分构成。

（1）开头。一般开门见山地宣布会议开幕，也可对会议的规模及与会者的身份做简要介绍，并对会议的召开及与会人员的到来表示祝贺和欢迎。写作时应单列为一个自然段，与主体部分区分开。如《在"中国国际展览会"开幕式上的讲话》的开头部分写道"由新加坡××有限公司主办，中国××协会与我分会所属的上海市国际贸易信息和展览公司承办的'中国国际××展览会'今天在这里开幕了。我谨代表中国国际贸易促进委员会上海市分会、中国国际商会上海分会表示热烈祝贺！向前来上海参展的厂商表示热烈欢迎！"

（2）主体。是开幕词的核心部分，通常包括以下三方面内容：

①阐述会议召开的意义，通过对以往工作情况的概括总结和对当前形势的分析，说明会议是在什么形势背景下，为解决什么问题或达到什么目的而召开的；

②阐明会议的指导思想，提出会议的任务，概括会议议程和安排；

③为保证会议顺利进行，向与会者提出会议的要求。

（3）结尾。针对会议的具体情况提出一些要求和希望，以增强与会者开好会议的信心。

3. 结束语

开幕词的结束语一般采用"预祝大会圆满成功！"做结束语。

开幕词的写作有什么要求

开幕词是很正规的文体，领导致开幕词时都是在较隆重的场合进行的，要面对各类听众。开幕词是一次会议的前奏，开幕词的质量直接影响了后续会议的进行，决定着会议能否顺利进行。秘书人员在替领导拟写开幕词时，需要把握以下几点。

1. 重点突出，详略得当

写作时应把握会议的性质，重点阐述会议的意义、任务和要求，对于会议本身的情况如筹备情况、会议议程等，要概括说明，点到为止。

2. 明快流畅，富于鼓动性

开幕词写作中常犯的毛病是书面化有余而口语化不足，语言冗长难懂，影响了表达效果，削弱了开幕词应有的号召力和鼓动性。因此，在写作中，要注意语言明快流畅，语气热情友好，评议坚定有力，具有口语色彩，体现出开幕词的号召力和鼓动性。

【例15-1】

在中国国际××展览会开幕式上的讲话

女士们、先生们：

早上好！由新加坡××有限公司主办，中国××协会与我分会所属的上海市国际贸易信息和展览公司承办的"中国国际××展览会"今天在这里开幕了。我谨代表中国国际贸易促进委员会上海市分会、中国国际商会上海分会表示热烈祝贺！向前来上海参展的西班牙、比利时、中国台湾、中国香港地区以及我国各省的中外厂商表示热烈的欢迎！

本届展览会将集中展示具有国际水准的各类××产品及生产设备，

为来自全国各地的科技人员提供一次不出国的技术考察机会；同时，也为海内外同行共同切磋技艺创造了条件。

朋友们，同志们，上海是中国最重要的工业基地之一，也是经济、金融、贸易、科技和信息中心。上海作为长江流域乃至全国对外开放的重要窗口，将实行全方位的开放。我国政府已将浦东的开发开放列为中国今后十年发展的重点，上海南浦大桥的正式通车，将标志着浦东新区的开发已经进入实质性的启动阶段。上海将进一步改善投资环境，扩大与各国各地区的合作领域。我真诚地欢迎各位展商到上海的各区及浦东新区参观，寻求贸易和投资机会，寻找合作伙伴。作为上海市的对外商会——中国国际贸易促进会上海市分会将为各位朋友提供卓有成效的服务。

最后，预祝"中国国际××展览会"圆满成功！感谢大家！

【即学即练】

参照以上开幕词范例，结合自身工作实际，撰写一份开幕词，字数700字左右。

第十六章

怎样写好闭幕词

什么是闭幕词

闭幕词是会议的主要领导人代表会议举办单位，在会议闭幕时的讲话，其内容一般是概述会议所完成的任务，对会议的成果作出评价，对会议的经验进行总结，对贯彻会议精神提出要求和希望。

闭幕词与开幕词一样，具有简明性和口语化两个共同特点，其种类与开幕词相同。凡重要会议或重要活动，与开幕词相对应，一般都有闭幕词，这是一道必不可少的程序，标志着整个会议或活动的结束。闭幕词通常要对会议或活动作出正确的评估和总结，充分肯定会议或活动所取得的成果，强调会议或活动的主要精神和深远影响，激励有关人员宣传会议或活动的精神实质和贯彻落实有关的决议或倡议。

闭幕词是在比较郑重的大中型会议闭幕时，党政机关、社会团体、企事业单位的主要领导人所做的总结性讲话。旨在总结会议召开的情况，评价会议的成果、意义及影响，号召与会人员发扬会议精神做出更大成绩，具有总结性、评估性和号召性。

与开幕词相同，也可分为侧重性和一般性两种类型。同样，闭幕词也具有简明性和口语化的特点。

一篇闭幕词由哪些要素构成

闭幕词一般由首部、正文和结束语构成。

1. 首部

闭幕词的首部一般由标题、时间、称谓构成。写法与开幕词类似。

2. 正文

闭幕词的正文由开头、主体和结尾三部分构成。

（1）开头。简要说明大会的经过，是否圆满完成了预定的任务。

（2）主体。是闭幕词的核心部分，通常由以下三方面内容构成：对大会进行概括总结，概述会议的基本情况及会议通过的主要事项和基本精神；恰当地评估会议的收获、意义及影响；向与会人员提出贯彻会议精神的基本要求。

（3）结尾。向与会者发出号召，提出希望，表示祝愿，还可向保证大会顺利进行的有关单位及人员表示感谢。

3. 结束语

闭幕词的结束语郑重宣布会议闭幕。

闭幕词出现在会议终了，因此，要写得与开幕词前后呼应、首尾衔接，显示大会开得很圆满、很成功。

闭幕词的写作有什么要求

秘书人员在写作闭幕词时，要注意以下几点。

1. 总结性

闭幕词是在会议可活动的闭幕式上使用的文种，要对会议内容、会议精神和进程进行简要的总结会并作出恰当评价，肯定会议的重要成果，强调会议的主要意义和深远影响。

2. 针对性

闭幕词要掌握会议情况，有针对性地对会议内容予以阐述和恰当评价。

3.概括性

闭幕词应对会议进展情况、完成的议题、取得的成果、提出的会议精神及会议意义等进行高度的语言概括。因此，闭幕词的篇幅一般都短小精悍，语言简洁明快。

4.鼓励性

为激励参加会议的全体成员实现会议提出的各项任务而奋斗，增强与会人员贯彻会议精神的决心和信心，闭幕词的行文充满热情，语言坚定有力，富有号召性和鼓动性。

5.口语化

闭幕词要适合口头表达，写作时语言要求通俗易懂，生动活泼。

【例16-1】

2014年××市国际××会闭幕词

尊敬的××女士，各位来宾、各位同仁、女士们、先生们：

首先，我代表××市公共关系协会对出席2014年××市国际××会的中外来宾表示衷心的感谢！特别要感谢××公共关系协会主席××女士和她的代表团，感谢美国公关协会总干事××女士的出席，感谢香港公关从业人员协会、内蒙古、贵州、广东、福建和安徽等省和自治区公关协会，以及全国各地同仁和企业家的支持！

今天，围绕沟通——品牌——竞争力这一主题，我们大家分享了11位中外演讲嘉宾的智慧和经验。通过一天紧张而有序的互动交流。我相信，大家对××城市的发展有了新的了解；对公共关系与媒体传播的内在联系有了更多的认识；对公共关系在推动企业品牌建设中的重要作用会更加明确；对公共关系这个行业的发展前景会更加看好。大家一定会充满信心地去面对各种机遇和挑战。

中国的公共关系业已经迎来了健康发展的大好时机，让我们携手合作，互相学习，为公关业更加繁荣的明天共同努力。

　　现在我宣布：2014 年 ×× 市国际 ××× 会到此闭幕。

　　谢谢大家！

【即学即练】

　　参照以上闭幕词范例，结合自身工作实际，撰写一份闭幕词，字数 600 字左右。

_____

_____

_____

_____

_____

_____

_____

_____

_____

第十七章

怎样写好欢迎词

什么是欢迎词

欢迎词是指单位或领导在公共场合欢迎友好团体或个人来访时所做的讲话，是一种常见的社交礼仪演讲，旨在对来宾表示欢迎和尊重，表达友好交往、增强交流与合作的意愿，并借此营造和强化友好和谐的气氛。

欢迎词从表现形式和传播方式上分现场讲演的欢迎词、媒体发表的欢迎词。从使用范畴和公共性质上分私人社交欢迎词、公共社交欢迎词。

欢迎词有如下特点。

1. 口语性

因为是现场向宾客口头表述，所以欢迎词在用语上要口语化、生动化，拉近主人同来宾的亲切关系，富于亲和力。

2. 欢迎性

欢迎词的目的就是给客人一种宾至如归的感觉，为下一步各种活动的圆满举行打下坚实的基础。所以，在遣词造句的时候一定要轻松、愉快、真诚、富有激情，让人听后觉得愉快。

3. 互动性

一般说来，主人致欢迎词后，宾客即致答谢词。因此，欢迎词应具有互动性。

欢迎词格式及写作要点

在欢迎团体或个人来访时，领导都要做讲话致欢迎词。欢迎词事先要准备好，领导的公务较繁忙，通常由秘书人员捉笔代劳。了解欢迎词的结构等常识，对于秘书人员是非常有必要的。

欢迎词由标题、称谓、开头、正文、结语、落款或署名六部分构成。

1. 标题

欢迎词的标题一般是由欢迎场合或对象加文种构成，如《在集团成立 5 周年纪念大会上的欢迎词》；还有直接用文种"欢迎词"作为标题。

2. 称谓

欢迎词的称谓要提行顶格加冒号称呼对象。面对宾客事宜用亲切的尊称，如"尊敬的领导""亲爱的朋友"等；如来宾中有相当级别的领导，应该单独专门称呼，如"尊敬的黄副市长，各位来宾，朋友们"等。

3. 正文

欢迎词的正文开头用一到两句话表示欢迎的意思。如"值此我集团成立 5 周年之际，我们迎来了尊敬的黄副市长一行，我谨代表全体职工，对黄副市长及各位来宾的光临表示热烈的欢迎！"中间部分说明欢迎的情由，也可以叙述彼此的交往、情谊以及交往的意义。如对方初次来访，应简单介绍一下本单位的基本情况。

4. 结语

欢迎词的结语用敬语或谦辞表示祝愿。如"恳请黄副市长为本集团的工作多提宝贵意见和建议，顺祝黄副市长和各位来宾健康愉快！谢谢！"

5. 落款或署名

一般来讲，用于现场演讲的欢迎词无须署名落款。媒体刊载则应在题目下或文末署上本单位或组织主要负责人的姓名、职务、发布时间等。

欢迎词是出于礼仪需要而产生的，因此要十分注意礼貌。秘书人员在写作时要注意以下几点：

（1）要使用尊称，情感要真挚，表达要准确得体。

（2）措辞要慎重，要尊重对方的风俗习惯，应避开对方忌讳。切忌信口开河，注意保守己方的秘密。

（3）篇幅短小，言简意赅，不需要长篇大论；语言要准确精当、热情、友好、礼貌。

【例17-1】

欢迎××文艺演出队慰问演出的讲话

同志们：

　　××业余文艺演出队带着驻军首长、机关的亲切关怀和问候，带着精心编排的文艺节目，不辞辛劳来到我们营区，为我们全体官兵做慰问演出。让我们对演出队的到来表示热烈的欢迎和衷心的感谢！

　　今年，真可谓盛年盛事。历经沧桑的香港顺利回归祖国，党的十五大又奏响了迈向21世纪的凯歌。前两天，20世纪末中国最后一次体育盛会——八运会又隆重拉开了帷幕。举国上下，喜庆欢腾。作为人民解放军代表的××部队官兵同样为祖国的昌盛繁荣和民族的振兴富强而欢欣鼓舞。今晚的演出，就是我们美好心愿和喜庆之情的最好表达。

　　……

　　让我们再次以热烈的掌声向演出队的同志们表示最诚挚的谢意！

　　最后，预祝演出圆满成功！祝大家度过一个开心愉快的夜晚！

【即学即练】

参照以上欢迎词范例，结合自身工作实际，撰写一份欢迎词，字数600字左右。

第十八章

怎样写好欢送词

什么是欢送词

欢送词是行政机关、企事业单位、社会团体或个人在公共场合欢送友好团体回归或亲友出行时致辞的讲话稿。

欢送词有如下特点。

1. 口语化

同欢迎词一样，口语化也是欢送词的一个主要特点。遣词造句也尽量要生活化、口语化，显得既富有情感又自然得体。

2. 惜别性

欢送词要表达亲朋远行或来宾结束访问而告别时的感受，既要表达依依惜别之情，格调也不能过于低沉，应把握好分别时所用言辞的分寸。

欢送词的格式及写作要点

与欢迎词一样，欢送词也是秘书人员要经常替领导修改和撰写的文体之一，作为秘书人员，有必要了解欢迎词的结构等常识。

同欢迎词一样，欢送词也由标题、称呼、正文和落款构成。

1. 标题

欢送词的标题的写法一般有两种。一是单独以文种命名，如《欢送词》。二是由活动内容和文种名共同构成，如《大会闭幕仪式上的欢送词》。

2. 称呼

欢送词的称呼在开头顶格处，一般是概括写出宾客称呼。如"尊敬的各位先生们、女士们"，如果客人的身份很重要，可以特别单独称呼，如"尊敬的书记，各位来宾，朋友们"等。

3. 正文

欢送词的正文一般由开头、中段和结尾三部分构成。

开头通常应说明此时在举行何种欢送仪式，发言人本人代表哪些层面的人物向宾客表示欢送的。中段部分要回顾和阐述双方在访问期间在哪些问题和项目上达成了一致的立场、取得了哪些有突破性的进展，陈述本次合作交流给双方所带来的益处，阐述其意义等。在结尾处要再次向来宾表示真挚的感谢和欢送之情，并表达希望他们再次来访的期待心愿。对于私人欢送词，还可以表达双方友谊的增进和分别之际的留念之情。

4. 落款

欢送词在落款处要署上致辞的单位名称、致辞者的身份、姓名，并署上成文日期。现场即席演讲也可不署名。

【例 18-1】

对 ×× 教授的欢送词

同志们、朋友们：

时间过得多么快啊！20 天前我们大家曾高兴地在这个礼堂集会，衷心欢迎 ×× 教授。今天，在 ×× 教授访问了我国的许多地方之后，我们再次欢聚一堂，感到特别亲切和愉快。×× 教授将于明天回国。

×× 教授是我们的一位老朋友，他非常熟悉我们各个方面的情况。他在我国逗留期间，仔细地考察了我们的政治、经济、文化和教育。

我们诚恳地希望 ×× 教授给我们不足之处提出宝贵的意见和指导，

以促进我们改进工作。在向××教授告别时，我们借此机会请求他转达我们对他的国家的人民的深厚友谊，还请他转达我们对他们的亲切问候和敬意。祝××教授回国途中一路平安，身体健康。

现在，请大家以热烈的掌声欢迎××教授讲话。

【即学即练】

参照以上欢送词范例，结合自身工作实际，撰写一份欢送词，字数600字左右。

_____

_____

_____

_____

_____

_____

_____

_____

第十九章

怎样写好会议记录

什么是会议记录

会议记录是在会议过程中，由专门记录人员把会议的组织情况和具体内容如实记录下来所形成的书面材料。会议记录的作用在于正确反映会议情况，是日后整理会议文件，汇报会议精神，进一步研究工作等存查备考的历史资料。

会议记录分为摘要记录和详细记录两种。

摘要记录多用于一般性会议，只要求有重点地、扼要地记录与会者的讲话内容，概括记录会议讨论的内容、结论和决议的要点，不记录详细过程，更不必"有言必录"。

详细记录是对特别重要的会议或特别重要的发言，要做详细的记录，做到"有言必录"，要求记下每个人发言时的原话，包括语气、动作、表情及与会者的反应。不能有所取舍，更不能只记结论。如果发言者有发言稿，可以将发言稿作为附件，并记下发言稿之外补充的内容。

一份会议记录由哪些要素构成

会议记录由标题、正文和结尾三个部分构成。

1. 标题

会议记录的标题通常由单位名称、会议名称和文种组成，如"公司销售工作会议记录"，有的标题较简单，只写"会议记录"。

2. 正文

会议记录的正文一般分为两部分：

（1）会议基本情况。主要包括会议名称（含次数），会议的时间、地点，出席、列席和缺席情况，会议主持人（姓名及职务），会议记录人员（签名以示负责）等。这些内容应在会议主持人宣布会议开始前写好。时间、地点要准确具体。如果会议人数不多，应将出席人姓名一一写上；人数多时，可只写出席人的职务，如"各校正副校长、教导主任"，也可只写总人数，另设签到簿，请出席人签署姓名，填写单位、职务、电话等情况。如果是工作例会，可只写缺席人的姓名及其缺席原因。大型会议，缺席人数较多，缺席原因难以一下查清，可只写缺席人数。

（2）会议内容。是会议记录的核心部分，主要包括：主持人发言，会议的报告或传达，与会者的讨论发言，会议的决议等。

3. 结尾

会议记录的结尾在正文结束，要另起一行空两格写"散会"字样。如中途休会，则单独一行空两格写"休会××分钟，×时×分复会"字样。

会议记录的写作有什么要求

会议记录必须内容详尽，条理分明，简明扼要。对于秘书来说，在领导开会时，要在短时间内写出一份合格的会议记录，还要把握以下几点。

1. 真实准确

要如实准确地记录会议基本情况和内容，不添加，不遗漏，不篡改。对于与会者的发言，必须忠实地记录下原意，不得添加自己的观点、主张，不能断章取义，会后要请发言人过目认可，以保证内容的真实性。尤其是会议决议这样的重要内容，更不能有丝毫出入。

2. 重点突出

会议记录的详与略，应根据会议情况而定。一般来说，会议记录应该突出会议中心议题及围绕中心议题展开的有关活动，会议讨论、争论的焦点及各方的主要见解，权威人士、代表人物的发言或发言中提出的新观点，会议开始时的定调性言论和结束时的总结性言论，会议的决议等。要注意认真听取发言，根据会议主题选择内容，重点内容详细记录，一般性会议或一般性情况说明可择其要点记录，重复的可略记。

3. 条理清楚

根据会议议程的先后来确定记录的顺序，做到条理清晰，眉目清楚。凡发言都要把发言者姓名写在前面。先发言的先记录，后发言的后记录。

4. 快速完整

快速是为了保证会议记录的全面完整，因此，尤其在做详细记录时更体现出对记录速度的特殊要求。记录时要精力集中，跟上会议发言的速度，必要时可采用速记法，也可以使用录音、录像等辅助手段，待会后再整理出文字材料。

5. 清楚规范

如果是手写，应使用碳素或蓝黑色墨水书写，要注意字迹清楚，易于辨认。使用专门的记录本或专用记录纸做记录，既规范，又便于保存和保密。会议结束后，要由会议主持人和记录人签字。

【例19-1】

××省气象局安全工作会议记录

时间：2015年1月12日上午9：00—11：00

地点：东楼第二会议室

出席人：杨××（保卫科科长）、李××（局长办公室主任）及各处室安全工作负责人

缺席人：刘××（外出开会）

主持人：王××（副局长）

记录：张××（局长办公室秘书）

一、情况通报

保卫科科长杨××通报一年来治安状况。（略）

二、决议

（一）要求公车集中停放，有突发事件与保卫科联系。

（二）大门严格实行门卫制度，进门发证，出门收证，各单位要自觉遵守。出门时，不认识的人一律不放行。

（三）各单位立即开展一次安全检查，重点检查防火设备、电源等情况，注意防火、防盗。

（四）注意行车安全，严禁酒后驾车。

（五）春节期间，严禁在二环路以内燃放烟花爆竹。

（六）各单位春节值班表尽快上报到局长办公室。

三、文件学习

由王副局长组织学习省办公厅文件（安全问题）

散会。

主持人：王××（签名）

记录人：张××（签名）

【即学即练】

参照以上会议记录范例，结合自身工作实际，撰写一份会议记录，字数500字左右。

_____

_____

_____

_____

第二十章

怎样写好会议纪要

什么是会议纪要

会议纪要适用于记载、传达会议情况和议定事项。会议纪要要求与会单位共同遵守、执行，它是对会议（包括座谈会、会谈）的重要内容、决定事项，亦即主要观点、结论，进行综合、整理、归纳、摘要而形成的一种具有纪实性、指导性的公文。会议纪要一般可简称为纪要。

会议纪要既可上呈又可下达，主要作用是：传达会议精神、沟通情况、交流经验、统一认识、指导工作。通常会议纪要在段首采用特定称呼，如"会议认为""会议提出""会议要求""会议号召""与会代表一致同意"等。

会议纪要有各种各样的类型，主要有日常例会纪要、专题会议纪要、工作会议纪要、代表会议纪要、座谈会议纪要、联席会议纪要、办公会议纪要、汇报会议纪要、技术鉴定会议纪要、科研学术会议纪要，包括年会纪要等。

一份会议纪要由哪些要素构成

会议纪要的写作一般由标题、导言、主体、结尾和落款等部分构成。

1. 标题

会议纪要的标题一般由会议名称和文种（纪要）构成，如《市政府第××次常务会议纪要》《关于教育工作有关问题的会议纪要》。另外，也有用正副式标题，正标题揭示会议主要内容或精神，副标题由会议名称和文种组成，如《以精神为指导，开创新局面——会议纪要》。这类标题多见诸媒体。

2. 导言

会议纪要的导言要写明召开会议的根据、会议主要议程、会议的主要成果、主持人、会议时间、地点、参加人员等，要高度概括，给读者一个总印象。

3. 主体

会议纪要的主体是其中心部分，要围绕中心议题写作，一般要写出会议讨论问题的意义，当前工作情况，与会者发言的重要内容，今后的具体措施和指导思想以及对工作的安排等。在撰写过程中，往往通过概括、综合、归纳的办法，用"会议讨论""会议认为""会议强调""会议的主要精神是""会议指出"等程式化较强的句式把会议的精神集中阐述出来。

4. 结尾

会议纪要的结尾提出希望和要求，或发出号召，让有关单位认真贯彻会议精神。

5. 落款

会议纪要的落款一般由会议名称和纪要形成日期组成。日常例行会议纪要一般无落款，也可署机关名称或用"（机关名）办公室整理"代替。发文日期（即纪要形成日期）可置于标题之下，加圆括号，也可置于文末。纪要可不加印章，如需盖章的，由主办单位盖章。

会议纪要的三种写法

会议纪要在格式上主要有集中概述法、分项叙述法、发言提要法三种写法。

1. 集中概述法

集中概述法是把会议的基本情况，讨论研究的主要问题，与会人员的认识、议定的有关事项（包括解决问题的措施、办法和要求等），用概括叙述的方法，进行整体的阐述和说明。这种写法多用于召开小型会议，而且讨论的问题比较集中单一，意见比较统一，容易贯彻操作，写的篇幅相对短小。如果会议的议题较多，可分条列述。

2. 分项叙述法

召开大中型会议或议题较多的会议，一般要采取分项叙述法，即把会议的主要内容分成几个大的问题，然后另上标号或小标题，分项来写。这种写法侧重于横向分析阐述，内容相对全面，问题也说得比较细，常常包括对目的、意义、现状的分析，以及目标、任务、政策措施等的阐述。这种纪要一般用于需要基层全面领会、深入贯彻的会议。

3. 发言提要法

发言提要法是把会上具有典型性、代表性的发言加以整理，提炼出内容要点和精神实质，然后按照发言顺序或不同内容，分别加以阐述说明。这种写法能比较如实地反映与会人员的意见。某些根据上级机关布置，需要了解与会人员不同意见的会议纪要，可采用这种写法。

会议纪要的写作有什么要求

除了上面所说的要点外，秘书人员在拟写会议纪要时，还需要把握以下几点注意事项：

（1）准确把握会议要点，概括要全面，要如实反映会议精神。不得随意取舍，不得以偏概全，不能是自己赞同的就多写，不赞同的就略写或不写。

（2）要认真做好会议记录，详尽地占有材料，并且要认真研究会议的精神，以便对材料正确取舍，合理删减。

（3）综合提炼会议结论。表述上做到重点突出，条理清晰，文字简练。

（4）要注意吸收正确意见。

（5）会议纪是与会者共同意志的体现，落款应是全体与会单位，故不写落款，不加盖公章，与会者带回去执行就行了。

会议记录与会议纪要有什么不同

会议记录与会议纪要同属会议文件，都是会议的直接产物。但由于它们产生的方式和各自的作用不同，又有以下一些区别：

（1）会议记录是对会议详细过程的原始记录，是会议纪要写作的客观原始材料之一，经过筛选、整理的会议记录才能写入会议纪要；会议纪要是对会议记录的整理、提炼和摘要，是会议记录内容的集中和提高。

（2）会议记录是存档备查用的内部材料，不具有运行性和周知性；会议纪要是外发公文，具有多向运行性和周知性。

（3）会议记录是按会议进程依序记载；会议纪要则按总分等逻辑顺序安排材料。

【例20-1】

××市委常委会议纪要
〔20××〕×号

时间：20××年××月××日下午至××日

地点：市委主楼208会议室

主持人：×××

出席：××、×××、×××

列席：××、×××、×××

议定事项

一、会议认真学习了省委20××年××月××日《关于进一步统一认识，坚决搞好治理整顿》的通知，对我市前段治理整顿的情况和一季度形势逐项进行了分析和深入讨论，进一步统一了思想，明确了当前和今后治理整顿的任务和工作重点。

会议认为，半年来我市在贯彻中央治理整顿方针的过程中，态度坚决，工作扎实，初见成效。但对成绩不能估计过高，要看到思想认识的差距和治理整顿任务的艰巨，要按照中央精神，进一步统一思想，认真抓好治理整顿的各项工作。

会议决定在省委传达中央工作会议精神后，召开市委工作会议，通过传达中央工作会议精神，分析我市治理整顿的形势和任务，提高认识，统一思想，动员广大党员一心一意搞好治理整顿。会议定于4月底召开，由市委办公室做好会议筹备工作。

二、会议听取了××同志关于20××年庆祝××立功竞赛表彰大会准备工作的报告，原则同意"立功办"提出的大会方案及具体的召开时间，原则同意市级劳模及文明单位的名单，责成"立功办"根据市委常委意见进行调查，并做好大会准备工作。对有些需要进一步研究的问题由"立功办"再做准备，向书记办公室汇报。

【即学即练】

参照以上会议纪要范例，结合自身工作实际，撰写一份会议纪要，字数600字左右。

_____

_____

_____

_____

_____

第二十一章

怎样写好推荐信

什么是推荐信

推荐信就是由有权威、有影响的人向用人单位介绍求职者情况的函件。与求职信的实质一样，所不同的仅是求职信是求职者自己写，而推荐信是由推荐人写。

推荐信分为专用推荐信和通用推荐信两种。

专用推荐信是指写作者特地为被推荐者申请某单位的某职位，根据自己对双方的了解有针对性地写出的专用书信。通用推荐信是指一封信写好之后可以针对不同的情况和单位而使用。

推荐信具有目的性、单一性及平和性。推荐人必须熟悉被推荐人的学习情况、工作能力、创造能力和品行特点。推荐人还必须具备高级职称。如果推荐人在国内外学术界、企业界等诸方面享有盛誉，那么他写的推荐信就具有很大的效力。

推荐信的结构及写作要点

推荐信一般由标题、称呼、正文和落款构成。

161

1. 标题

推荐信第一行中间位置要写上"推荐信"三字，如果双方关系比较熟悉可以不要标题。

2. 称呼

推荐信第二行要顶格写上收信方负责人的姓名和称呼，或者只写其职务。如果双方是熟人或者朋友，可以用常用私人信件的称呼。

3. 正文

推荐信的正文一般由开头、中间和结尾三部分构成：

（1）开头。首先介绍自己和推荐人的身份，以及自己与被推荐人的关系，同时要说明写这封推荐信的目的。

（2）中间。针对推荐单位的情况，详细介绍被推荐人的信息，目的是让用人单位对被推荐人有全面的了解，从而产生好感，进而达到荐贤举能的目的。

（3）结尾。表达自己推荐的诚意，恳请单位领导给予被推荐人工作或者晋升的机会，并表达感激和祝福之情。通常要附上一些证明被推荐人业绩的有关材料。

4. 落款

推荐信的落款要在正文右下方署上推荐者的姓名、成文日期、并注明自己的相应通信地址和联系电话，以备必要时的联系。

推荐信写作的注意事项

秘书人员在写推荐信时，要注意以下几点事项。

1. 短小精悍，礼貌周到

介绍被推荐人时切忌面面俱到，只需要把其能够胜任某方面工作的才能说清楚即可，语言简洁明快。而且，推荐信往往包含请求的意思，应该文明礼貌。

2.实事求是，客观评价

推荐人要本着对自己、对用人单位、对被推荐人负责的态度，客观、公正地向用人单位介绍被推荐人的真实情况。所提供的被推荐人的材料要真实具体。推荐的理由要充分，同时也应有一定的溢美之词，但是不能故意隐瞒缺点。

【例21-1】

推荐信

杨经理：

　　您好！

　　来函已阅。得知您处急需一名宣传公关人员，适逢××届大学生毕业之际，特向您举荐我的学生，中文系毕业生李××。

　　李××，女，24岁，中共党员。20××年考入××大学中文系汉语语言文学专业学习。李××思想品质好，思路敏捷，洞察力强，学习刻苦，工作踏实。她最大的特点是对事物具有极大的热情和极强的毅力，无论学习工作，不出色完成绝不罢休，样样工作从不示弱。

　　李××在校以优秀和良好的成绩通过了所有课程。英语成绩优异，口语相当熟练；计算机操作名列前茅。曾多次获得学科单科奖，三次被评为"三好学生"。尤其擅长写作，几年来在省级报刊上发表短篇小说、散文多篇，在校刊上发表了十多篇各类文体的作品，她的文风正如她的作风：精密、深刻。

　　李××一贯严格要求自己。对同学真诚，对工作积极。连续四年担任班长，所在的班级被评为优秀集体，她个人也被评为校级优秀干部。她口才流利，组织能力强，曾多次成功地组织了本系和全院的演讲比赛，并获得过第一名。

　　李××非常适合这份工作，她也渴望得到这份工作。详细情况，她将前往与您面谈。望接洽，望录用！

顺祝

　　兴旺发达

友张××

××××年×月×日

【即学即练】

　　参照以上推荐信范例，结合自身工作实际，撰写一封推荐信，字数500字左右。

_____

_____

_____

_____

_____

_____

第二十二章

怎样写好慰问信

什么是慰问信

慰问信是对他人表示关怀、慰问的一种专用书信。慰问信的使用范围广泛，它是单位或个人对处于特殊情况下的组织或个人进行关心、问候的一种书信。

慰问信包括颂扬式慰问信和安慰式慰问信。

1.颂扬式慰问信

颂扬式慰问信主要以问候、慰劳为主要内容。信中要对单位或个人做出的突出贡献、取得的巨大成绩给予积极的肯定和热情的赞扬，鼓励他们继续努力，不断前进。根据不同的使用场合，颂扬式慰问信又可以分为两种，一种是对做出贡献的单位或个人的慰问，一种是节日慰问。对做出贡献的单位或个人的慰问，主要针对那些承担艰巨任务、做出了巨大贡献，甚至牺牲，取得了突出成绩的先进集体或个人，如"慰问抗洪抢险的解放军战士""慰问抗'非典'一线的医护人员""慰问春节期间仍坚守岗位的铁路工人"等，肯定他们的成绩，鼓励他们戒骄戒躁，克服困难。节日慰问，是一种上级对下级，单位对个人进行的一种节日问候。在特定节日中，表示对他们以前工作的肯定和赞扬，并祝福他们在今后的工作、学习、生活中心情舒畅，做出更大的成绩，如"春节慰问""教师节慰问"等。

2. 安慰式慰问信

这类慰问信通常是针对那些遭遇天灾人祸（如火灾、地震、暴雨、疾病等）、蒙受巨大损失的集体或个人。信中对他们表示同情、安慰和支持，鼓励他们克服暂时的困难，加倍努力，以期尽早地改变现状，如对灾区人民的慰问、对老少边区群众的慰问以及对病人的慰问。

慰问信的结构及写作要点

了解慰问信的格式是写好慰问信的前提。秘书人员在拟定慰问信时，要先对了解慰问信的格式及相关写作要求了解清楚，这样下笔时才能做到胸有成竹，一气呵成。

慰问信的结构如下。

1. 标题

慰问信的标题是在第一行居中位置书写。常见的标题形式有以下几种：

（1）标题由文种名构成，如第一行居中书写"慰问信"。

（2）标题由被慰问者和文种名构成，如"给（致）×××的慰问信"。

（3）标题由慰问者、被慰问者及文种名构成，如"×××致×××的慰问信"。

（4）标题由慰问事由和文种名构成，如"……慰问信"。

2. 称呼

慰问信的开头要顶格写清被慰问单位或个人的名称。如果是写给单位的，应写上单位的全称。如果是写给个人的，应在姓名之后，加上"同志""先生"等字样，后面加冒号。根据具体情况，在称呼之前还可以加一定的修饰语，如"敬爱的""尊敬的"等。

3. 正文

慰问信的正文要另起一行，空两格写慰问的内容，包括以下几点内容：

（1）说明写慰问信的背景、原因。这一部分要求开宗明义，写清楚写慰问信是在怎样的情况背景下，由何集体（人）向何集体（人）表示慰问，如以下"中共杭州市委慰问驻杭部队军烈属及转业军人"的开头：

值此 2016 年新春佳节即将到来之际，中共杭州市委、市人大常委会、市人民政府、市政协代表全市人民，真诚地向你们及亲属表示亲切的慰问，并致以崇高的敬意。

（2）写清慰问事项。这一部分中要针对不同的对象和慰问事由，向对方致以诚挚的慰问。

如果是颂扬式慰问信，要概括地叙述被慰问者的先进思想、光辉事迹，或战胜困难、舍己为人、不怕牺牲的可贵品德和高尚风格，向对方表示慰问和学习，给对方以鼓舞和激励。

如果是安慰式慰问信，要简要叙述被慰问者所遭受的困难和损失，以示发信方对此关切的程度，要表现出发信方的理解、同情或钦佩之情，使被慰问者感到关怀和温暖。

4. 结尾

慰问信的结尾表示共同的愿望和决心，如"让我们携手并进，为早日实现祖国的四个现代化而共同奋斗"，又如"……困难是暂时的，最后的胜利一定属于我们！"等。接着在其后或是另起一行空两格写上表示鼓励和祝愿的话，如"祝取得更大的成绩""祝节日愉快"等，但"祝"字后面的话应另起一行，顶格书写，不得连写在上文末尾。

5. 落款

慰问信的落款要署上发文单位或个人的称呼，并在署名右下方署上成文日期。

【例 22-1】

致全省非典一线医务人员慰问信

全省战斗在防治非典型肺炎第一线的广大医疗卫生工作者：

你们好！

自我省局部地区先后出现非典型肺炎病例以来，该病严重威胁着人民群众的身体健康和生命安全。面对突如其来的疫情，在党中央、国务院的高度重视和亲切关怀下，在卫生部的指导下，按照省委、省政府的果断决策和统一部署，全省各级医疗卫生部门和医务工作者临危受命，实践"三个代表"重要思想，依靠科学精神，依靠拼搏精神，依靠集体智慧，沉着应对，采取行之有效的对策和措施，取得了有效控制非典型肺炎的显著效果。

在我省全力以赴抗击非典型肺炎的战斗中，各级各类医疗卫生机构发扬救死扶伤的人道主义精神和集体主义精神，精诚合作，知难而上，勇挑重担。广大医疗卫生工作者，面对天灾临危不惧，视人民健康重于泰山，争先恐后勇挑重担，前赴后继，救死扶伤，抢救患者，控制疫情，查找病原，表现了不畏危难舍生忘死的非凡勇气、良好的医德医风和高尚的情操，涌现了许许多多像×××同志一样的英雄和将危险留给自己、把健康送给患者的可歌可泣的感人事迹，你们为××市人民提了气，为××市争了光。××市人民不会忘记我们的白衣天使，更不会忘记像×××同志这样为救治患者而献出自己宝贵生命的优秀医务工作者。

正是由于你们的顽强拼搏和不懈努力，使发生在我省的非典型肺炎得到了有效的控制，新发病例不断减少，治愈病例不断增加，治愈率不断提高。实践证明，我省广大医疗卫生工作者是一支作风硬、业务精、经得住考验、富有战斗力、能打硬仗的队伍，是党和人民可以充分信赖的队伍。

你们以无畏的精神和科学的态度，为我市、我省，为全国，乃至为全球防治非典型肺炎做出了贡献。你们是和平年代的英雄，是无私奉献的楷模，是坚守在抗击非典型肺炎这一没有硝烟的战场上的勇士，是护卫人民群众身体健康和生命安全的白衣天使。

你们的贡献远远超出了医学和医务工作的领域，也为全社会弘扬高尚精神树起了一面旗帜。

你们卓有成效的工作，得到了党中央、国务院的充分肯定和高度赞誉。你们用鲜血和生命探索总结出来的非典型肺炎治疗防控经验，得到了世界卫生组织的高度评价。省委、省政府和全省人民为有像你们这样一支医疗卫生工作者队伍，感到无比高兴和自豪。省委、省政府代表全省人民向你们致以衷心的感谢、崇高的敬意和最亲切的慰问！

在我省防治非典型肺炎的关键时刻，中央领导亲临视察，到省疾病防控中心慰问并与医务工作者座谈，就全面控制非典型肺炎工作作了重要讲话，极大地坚定了全省上下攻克非典型肺炎的信心。希望全省各级医疗卫生机构和全体医疗卫生工作者，以中央领导讲话精神为动力，认真贯彻落实"三个代表"重要思想，总结经验，再接再厉，进一步动员起来，彻底战胜疫魔，夺取防治非典型肺炎工作的全面胜利！

中共××省委××省人民政府

二〇〇三年四月二十日

【即学即练】

参照以上慰问信范例，结合自身工作实际，撰写一封慰问信，字数 500 字左右。

_____

_____

_____

_____

_____

_____

第二十三章

怎样写好表扬信

什么是表扬信

表扬信是向特定受信者表达对被表扬者优秀品行颂扬之情的一种专用书信。它主要用于作者在日常工作、生活中受益于被表扬者的高尚品行（或被其品行所感动），特向被表扬者所在单位或其上级领导致信，以期使其受到表彰、奖励，令其精神发扬光大。

从表扬双方的关系来看，可以分为两种：上级对下级、团体对个人进行表扬的表扬信；群众之间进行表扬的表扬信。

从被表扬者的身份来看，表扬信又可分为两种：对集体进行表扬的表扬信；对个人进行表扬的表扬信。

表扬信的结构及写作事项

不论在什么单位，对于那些有突出表现的优秀员工，单位一般都会给予精神奖励和物质奖励，有时也免不了要写一封感谢信。而作为秘书人员，替领导撰写表扬信也是一件必不可少的工作。为了写好表扬信，事先有必要了解一下表扬信的结构及写作要求等相关常识。

表扬信由以下几项构成。

1. 标题

表扬信的标题写成"表扬信"即可。

2. 称谓

表扬信的称谓一般写给被表扬人的上级领导单位。

3. 事迹经过

4. 表扬的语句

5. 学习的语句

表扬信写作要把握以下注意事项：

（1）叙事要实事求是。对被表扬的人和事的叙述一定要准确无误，既不夸大，也不缩小。评价要实事求是，恰如其分。

（2）要用事实说理。要充分反映出对方的可贵品质。写动人事迹要做到见人、见事、见精神。不要以空泛的说理代替了动人的事迹。

（3）表扬信语气要热情、恳切，文字要朴素、精炼，篇幅要短小精悍。

（4）表扬信可以以组织名义写，也可以以个人名义写。除信中给予的表扬外，也可以建议有关部门给予表扬。

【例23-1】

表扬信

　　2015年9月份，××车间生产急需冲压同速送料机一台，公司现有一台报废的收料机，可以改造成送料机，经过市场调查，采购一台新的送料机需要3 000元，由专业人员把废收料机改造成送料机需要2 000元，冲压车间班长×××发扬创新精神，协同综合部设备维护人员×××，克服困难，用了3天时间，把报废的收料机改造成冲压同速送料机，为公司节约成本，创造利益。

　　根据以上情况，经公司研究决定给予×××、×××同志通报表扬，并奖励现金×××元/人，希望各位同事以以上两人为榜样，在今后的工作中，充分发挥自己的聪明才智，不断创新，提高专业技能，多思

考，多动手，创造更多的价值。

综合部

2015 年 10 有 8 日

【即学即练】

参照以上表扬信范例，结合自身工作实际，撰写一封表扬信，字数 500 字左右。

_____

_____

_____

_____

_____

_____

第二十四章

怎样写好感谢信

什么是感谢信

感谢信是集体单位或个人对关心、帮助、支持本单位或个人表示衷心感谢的函件。感谢信是重要的礼仪文书，是文明的使者，从文体来说，它属于应用文体。在日常生活和工作中，得到对方的帮助和支持，可用这种文体表示"感谢"。一方受惠于另一方，应及时地表达感谢，使对方在付出劳动和贡献后得到心理上和精神上的安慰，它是一种不可少的公关手段。

感谢信依据不同的标准可以有不同的分法。

1. 按感谢对象的特点来分

（1）写给集体的感谢信。这类感谢信，一般是个人处于困境时，得到了集体的帮助，并在集体的关心和支持下，自己最终克服了困难，渡过了难关，摆脱了困境，所以要用感谢信的方式表达自己的感激之情。

（2）写给个人的感谢信。这类感谢信；可以是个人，也可以是单位，也可以是集体为了感谢某个人曾经给予的帮助或照顾而写的。

2. 按感谢信的存在形式来分

（1）公开张贴的感谢信。这种感谢信包括可在报社登报、电台广播或电视台播报的感谢信，是一种可以公开张贴的感谢信。

（2）寄给单位、集体或个人的感谢信。这种感谢信直接寄给单位、集体

或个人。

感谢信与表扬信有许多相似之处，所不同的是感谢信也有表扬信的意思，但是重点在感谢。

感谢信的特点是公开感谢和表扬、感情真挚、表达方式多样。

感谢信的结构及写作事项

与表扬信一样，感谢信也是单位中频繁使用的一种文体。秘书人员在平时的工作中也会经常拟定这种文体。因此有必要了解一下感谢信的内容结构，以便正式写感谢信时做到心中有数。

感谢信的结构一般由标题、称谓、正文、结语、署名与日期五部分构成。

1. 标题

感谢信的标题可只写"感谢信"三字；也可加上感谢对象，如"致张子鸣同学的感谢信""致平安物业公司的感谢信"；还可再加上感谢者，如"赵明康全家致 ×× 社区居委会的感谢信"。

2. 称谓

感谢信的称谓写感谢对象的单位名称或个人姓名，如"×× 交警大队""刘自立同志"。

3. 正文

感谢信的正文主要写两层意思，一是写感谢对方的理由，即"为什么感谢"。二是直接表达感谢之意。

（1）感谢理由。首先准确、具体、生动地叙述对方的帮助，交代清楚人物、时间、地点、事迹、过程、结果等基本情况；然后在叙事基础上对对方的帮助做恰贴、诚恳的评价，以揭示其精神实质、肯定对方的行为。在叙述和评价的字里行间要自然渗透感激之情。

（2）表达谢意。在叙事和评论的基础上直接对对方表达感谢之意，根据情况也可在表达谢意之后表示以实际行动向对方学习的态度。

4. 结语

感谢信的结语一般用"此致敬礼"或"再次表示诚挚的感谢"之类的话，也可自然结束正文，不写结语。

5. 署名与日期

感谢信的署名与日期指写感谢者的单位名称或个人姓名和写信的时间。

写感谢信还要注意以下几点：

（1）感谢信的写作格式是书信体，写作时应篇幅短，中文 200 字左右即可。

（2）对收信人为自己做的好事了然于胸，不要忘了什么。

（3）把对方给你带来的好处都写清楚，不要含糊其词。

（4）表示感谢的话要合乎商家往来的习惯，语气不应过于卑屈。

（5）谢意之外，如果允诺别人什么应切实可行，能说到做到。

（6）感谢信以说明事实为主，切勿不着边际地大发议论。

【例 24-1】

感谢信

　　××电缆有限公司于 2015 年 10 月 1 日在南京举行隆重开业典礼，此间收到全国各地许多同行、用户以及外国公司的贺电、贺函和贺礼。上级机关及全国各地单位的领导，世界各地的贵宾，国内最著名的电缆线路专家等亲临参加庆典，给予我公司极大的支持，谨此一并致谢，并愿一如既往与各方加强联系。进行更广泛、更友好的合作。

××电缆有限公司

董事长×××

总经理：×××

2015 年 10 月 3 日

【即学即练】

参照以上感谢信范例，结合自身工作实际，撰写一封感谢信，字数500字左右。

第二十五章

怎样写好市场调查报告

什么是市场调查报告

市场调查报告是调查报告的一种，是通过直接、系统地收集有关市场情报、资料，并且对其进行整理和分析以后，科学地阐明市场状况以及市场发展规律，提出调查结论，供有关决策者使用的书面报告。它是获取市场信息的重要手段。市场调查报告的形成过程是由市场调查和市场研究这两个阶段有机结合而成的。这种报告是实际工作中常用的一种文体，它的表现形式、特点都和一般的调查报告基本相同。

市场调查报告具有针对性、真实性、时效性、科学性特点。

市场调查方法多种多样，主要有问卷调查法、抽样调查法、访问调查法、观察调查法。这几种方法各有所长，在实际调查中，可以根据调查的对象、环境、目的，选择一种或灵活地将几种调查方法结合起来使用。

市场调查报告标题怎样起

市场调查报告从结构上看大体由标题、导言、主体、结尾四部分构成。标题是市场调查报告的题目，它根据确定的调查目标、内容和范围命题。

从形式上看标题有三种形式。

1. 由中心内容和文书种类组成标题

由市场调查报告的中心内容和调查报告的种类两部分组成的标题，前一部分标明报告的中心内容，后一部分标明调查报告的种类，例如《市家庭工商业发展情况调查》。

2. 仅由中心内容组成标题

只由市场调查内容主旨组成的标题。例如《保健品市场质量调查报告》。

3. 正副题结合的标题

这种标题正题是揭示报告的主题，副题是给予补充式解释。例如《中国牛仔"崇洋媚外"——中国牛仔裤消费习惯和观念调查》。

不论什么形式的标题，要求命题要确切、简洁、新颖、醒目，具有高度的概括性。

市场调查报告导语怎样拟

市场调查报告的导语又称前言、序言，这是市场调查报告的开头部分。导语要求能概括全文的主要内容，介绍市场调查的时间、地点、对象、目的、背景。通过导语，让人们对全文有一个总的印象。它能起到画龙点睛、引人入胜的作用。

导语写法主要有以下三种。

1. 概括介绍调查对象基本情况的导语

在导语部分概括介绍调查对象的基本情况或者概括介绍全文主要内容，一般介绍调查的目的、背景、地点、范围，参加调查的人员情况；调查经过和方式，调查对象的概况等，简要进行总体概括，使读者对全文内容有一个概括的了解，便于把握全文的中心内容。

2. 概括调查的基本观点的导语

这种导语将文章的主旨、要点提炼出来，以引起读者的关注。

3. 采用或结论，或描述，或评论，或对比，或引文等新颖独特的形式开头，

增强文章的可读性和吸引力

写导语的目的是让人们对调查什么，为什么调查，调查的结果有一个初步的了解。企业的文秘人员在撰写调查报告导语时，可根据主题和内容的需要，选用上述一种或几种方法，力求做到提纲挈领，简明扼要。

市场调查报告主体怎样写

这一部分的内容包括市场调查取得的资料，以及市场调查报告的观点、结论等。文秘人员在撰写主体部分时，要做到材料和观点的有机结合，要有分析，有论据，分析和论据结合。

市场调查报告的主体部分的撰写有三种方法。

1. 纵式结构法

纵式结构法主要有依照序列和分层展开两种方式。依照序列是指以时间先后为序，或者按照事情发展的阶段，或者依照逻辑的程序来安排文章的结构。其特点是脉络清晰、叙述连贯，有利于读者了解前因后果。揭示事件、介绍风云人物的市场调查报告多用此法。分层展开式则按照文章内容的逻辑逐层铺陈，通常包括陈述事实、情况分析、调查结论三个层次。其特点就是层次清楚，重点突出，方便读者把握整体。这三层内容的展开不能平均用墨，要根据调查的目的，有所侧重。适用于专题市场调查报告。

2. 横式结构法

横式结构法是一种以纲代目、纲举目张式的结构，通常将主要事实按照性质的不同、类别的不同进行分类，采用夹叙夹议的写法，以观点为纲目，带动具体材料的陈述。每个观点之间都是并列关系。特点是条理清晰，畛分界明。经验式的市场调查报告多采取这种写法。

3. 纵横结构法

纵横结构法有的为横式结构，而并列的每个部分则向纵深的方向发展；或者总体为纵式结构，每个连贯的层次则分别向横的方向展开。这种纵中有横、横中有纵的结构具有概括力大，综合性强的特点，适用于揭露问题的市场调

查报告、情况复杂或者内容丰富的大型市场调查报告。

市场调查报告结尾怎样结

市场调查报告的结尾是调查报告的结束语，也是市场调查报告结论的概括。如果主体部分已将意思说完，可以不写；如果必须有结尾，大致有以下三种写法。

1. 对全文进行总结

有些调查报告结尾部分对全文主要内容或主要观点进行归纳概括，以便强化主题，利于引起人们对问题的重视。如《日常精铝制品市场回顾与展望》一文，结束语为：

因此，对下半年市场回升的程度不应估计过高。工商部门仍要面对困难，脚踏实地，做细致的工作，力争变困难为机遇，变被动为主动，争取在较短的时间里使精铝制品市场走出低谷，向上爬坡。

2. 对未来进行展望

有些市场调查报告结尾部分对未来进行展望，给人以启迪和鼓舞。

3. 针对问题提出建议

有些市场调查报告针对问题提出建议，以表明作者对解决问题的观点。如《我市肥皂、洗衣粉市场变化特点》一文的结束语：

肥皂、洗衣粉是人民生活必需品，也是市场敏感商品和国家专控商品，肥皂、洗衣粉的供应、销售均关系到人民群众的正常生活。因而应从工业生产资金到原材料、价格等方面予以保护，以确保商品的合理储备与正常供应。另外，商业企业应积极组织一些名优肥皂供应我市市场，以缓解地方商品的压力。

"没有调查就没有发言权"

市场调查报告是企业领导了解市场动向、制订发展战略的重要依据。"没有调查就没有发言权"，作为企业的文秘人员，要写好市场调查报告，首先必须搜集、占有第一手市场信息资料。没有丰富、翔实的第一手信息资料，即使写作方法再多，写作技巧再高明，也无法写出高质量的市场调查报告。一般来说，搜集、占有第一手材料越多、越细、越全面，写出来的调查报告内容越具体，质量越高。怎样才能占有第一手市场资料呢？

1. 要有目的、有计划、有步骤地进行调查研究工作

调查研究工作是一项复杂而艰苦的工作，要保证调查得到预期效果，必须在调查之前制订一个调查方案，内容应包括市场调查的目的、调查的项目、调查单位、调查对象和调查时间。有了周密的调查方案才能保证整个市场调查有目的、有计划、有步骤地进行，避免因调查任务不明而造成盲目调查。

2. 要恰当地运用多种市场调查方法

市场调查涉及面宽，调查项目、单位多，同时时间要求比较紧，所以调查时必须科学地运用调查方法。市场调查方法有以下三种：

（1）直接观察法。对某些重点问题和重要情况，调查人直接深入现场体验观察，取得第一手资料。

（2）报告法。调查人可以向基层单位布置各种表格，要求按时、保质向调查人报送资料。

（3）采访法。就是调查人直接找调查对象访问、开座谈会取得调查资料。

以上三种方法可根据具体情况灵活选择，也可以几种调查方法交叉使用。

整理分析市场调查材料

市场调查阶段取得的第一手材料，有真有假，有主有次，相互掺杂。企业文秘人员应当对通过调查得来的资料进行整理，去伪存真，进行归类，对整理后的资料要认真分析，找出市场规律和本质问题。对市场资料的分析方法有以下三种。

1. 分类对比计算法

分类对比计算法将调查来的市场资料按照调查目的，划分成若干类和组，

并通过静态和动态的对比计算，对资料进行分析研究。

2. 综合归纳整理法

综合归纳整理法将调查阶段取得的个别单位、个别现象，分散资料进行归纳综合成完整的、系统资料，以观察其市场规律性。

3. 逻辑推理法

逻辑推理法以特殊的（个别的）事实为前提，运用逻辑归纳推理得出一般性（普遍性）的结论。

撰写市场调查报告三要点

对市场调查材料进行分析整理后，就要正式撰写调查报告了。有的文秘人员信马由缰，结果写出来的报告要么千篇一律，没有新意，要么内容散漫，抓不住重心，让领导看了不知所云。撰写市场调查报告应当把握以下几点事项。

1. 市场调查报告的撰写要做到材料和观点的统一

一篇好的市场调查报告，必须有丰富的材料和明确的观点，注意用观点统率材料，用材料说明观点。那种不分主次、不管真伪、脱离观点的材料罗列，脱离材料的空洞议论，都是不妥当的，撰写市场调查报告时必须避免。

正确的观点要从大量的实际材料中概括、归纳、提炼，不能凭空想象。一篇好的调查报告实际上做到了材料和观点的有机结合。要做到这一点，撰写市场调查报告在运用材料时必须注意：

（1）要将全面材料和典型材料结合运。

（2）要将正面材料和反面材料对比运用。

（3）要将定量材料和定性材料结合使用。

2. 撰写市场调查报告要求内容要新，分析要深

新，是指选择调查课题要新，要反映新情况、新问题，要在新的思想指引下，抓住新苗头。选题要摸准决策部门欲知而未知之事，报告要提供在决策部门决策问题之前，才能起到指导和监督的效果。此外，市场与广大群众休戚相关，所反映的问题要想群众所想，急群众所急，对于上下关心、众说纷纭的问题，

要尽快研究提供报告。

深，是指反映情况和问题有一定深度，对问题剖析透彻。其关键是要抓住问题的要害和主要矛盾，分析得有理有据，所提措施令人信服，并有其使用价值和社会效益。唯有深才能创新。

3. 市场调查报告要求结构严密、语言简练

结构就是市场调查报告的内部构成，各部分要组成一个完整的有机整体。报告结构要严密，思路清晰，判断、推理符合逻辑，做到观点和材料的合理结合。

市场调查报告的语言要达到准确、简洁、生动。准确是指语言要达到完全符合实际，不可言过其实或词不达意；简洁，是指用最少的文字，表达较多的内容，做到言简意赅；生动，是指在内容正确、情感健康的前提下，力争语言通俗易懂，精练、形象，力戒死板老套。

撰写市场调查报告"十忌"

除了上述所讲的几点事项外，撰写市场调查报告还应注意一些需要规避的地方。

撰写市场调查报告有"十忌"，这就是：

一忌数字不准，情况不实。

二忌针对性不强，无的放矢。

三忌春暖送寒衣，时过境迁。

四忌数字文字化，没有观点。

五忌满纸概念，没有数据。

六忌模棱两可，似是而非。

七忌报喜不报忧，脱离实际。

八忌下笔千言，离题万里。

九忌追求数量，忽视质量。

十忌穿靴戴帽，套话连篇。

企业文秘人员在撰写调查报告时应当努力规避以上"十忌"，再结合前

面所讲的写作要点，就能写出一份高质量的市场调查报告。

【例25-1】

沙发市场调研报告

一、市场调研

目前市场上的沙发按照材质主要分为木质、真皮、布艺，以及二者结合四种。木质沙发直接由各种木材打造，坐垫和靠背上没有任何面料修饰，实用性和环保性比较好，但原木较生硬，舒适感不强，没有人性化设计难以满足现代沙发舒适性的要求。

目前市场上的沙发高档品牌主要有以整体家居布置、沙发配套为主的全有家私、皇朝家私、香港富得宝、香港乐其、宜家家居等，以及主营沙发的芝华士；中档品牌则包括吉斯、喜梦宝、世纪博森、伊诺维绅、成都南方等；低档品牌则来自本地区和其他各地区县城的小品牌。

二、××沙发市场概况

目前，××沙发销售地主要聚居在××大街处银座家居、富雅家居、欧亚商城、东亚商城、清河家具、国贸家具、二印家具城。从产品和品牌档次上看，银座家居、富雅家居属高档品牌的根据地，东亚商城、清河家具、国贸家具、二印家具则汇聚了来自天南海北的中低档沙发品牌。从经营定位上看，各商城均有自己的差异化定位，知名品牌、高档商品的专卖店向富雅、银座家具城集中；中档及部分专业市场多数集中在东亚家具城；低档商品的批发业务又集中在××和××家具城，欧亚则走专业化办公家具路子，与其同一东家的银座家居形成互补，对其他家具商城形成攻击。

三、消费者调查

1.消费者细分特性描述一（低、中、高档）：

（1）平民百姓、普通工薪族是低层次、低价位的主要消费群。他们的要求是：简洁实用而又有现代美感；功能较多，以便充分利用有限的居住空间；希望中高档次的设计及风格，但价位偏于中低价，心理上能感到物有所值。这一类消费群还是杂牌的天下，因其长于抄袭与模仿，拙于原创与设计研发。因此，它们利用自身的各项成本优势，吸引了广大的中下层次的消费群。

（2）中高层次的消费群，这部分消费者包括企、事业单位的管理人员，城市"白骨精"（白领、骨干、精英）。他们事业有成，思想独立，个性化追求较为明显。对家具的性价比、设计风格、用材、品牌定位较为看重。这部分生产厂家较多，它们各自以自己的原创设计及针对目标消费者的技术研发满足了追求不同风格的消费者的需求。

（3）都市新贵或富豪的高层次群体。这部分人居于消费金字塔的顶端。一般都有别墅或宽敞豪华的住房，对家具的要求首先是品牌要与自己的社会或金钱地位相匹配，通常选择的是国际品牌或知名品牌。

2. 消费者细分特性描述二（办公、家居）：

（1）办公沙发消费群主要是经济水平处于中高层次的群体。购买群也多位于这个群体。经济佳者，由于公司形象或私人喜好的需要，他们看重品牌，因此选择的一般都是知名品牌。经济一般者，则选择中档品牌，既顾及到了形象，又节省资金。

（2）家居沙发消费群的范围比较广泛，几乎涵盖了所有成家立业或将近成家的消费者。对于私人使用物品，他们选择起来相当慎重，不仅注重质量，而且在与室内风格匹配上也花尽心思。由于经济状况的不同，选择的品牌档次亦各不相同。

3. 影响消费者购买沙发的主要因素：

访问5人，综合如下：

消费者选择标准——无污染、没怪味、舒适、款式合理、价格实惠

高消费——大品牌

中低消费——舒服、价格便宜

现用沙发品牌——南方、泰新，以及济南本地产布艺沙发

认为现在较好的沙发品牌是芝华士、皇朝家私、全有家私以及一些香港品牌等。

四、沙发产品的未来发展走势

通过访谈和查找二手资料，沙发产品的未来发展有三大走势：

（1）产品设计开发方面：力求创新，国际一体化，简约、舒适成为城市中人们放松压力生活的主题；

（2）产品使用方面：力求方便搬运，使用年限减少，色彩和时装化的家具受到越来越多人的欢迎；

（3）品牌方面：由于产品日趋细分，沙发品牌呈两极化发展，知名品牌更加注重其品牌的建设和推广，某些中档品牌则在竞争中淘汰，而那些杂牌、小品牌则依旧利用自己的成本、价格以及地域优势，占据中下层消费区域。

【即学即练】

参照以上市场调查报告范例，结合自身工作实际，自拟题目，撰写一份市场调查报告，字数1 000字左右。

第二十六章

怎样写好意向书

什么是意向书

意向书又称"草约"，是指双方或多方就某一项目的合作问题在实质性谈判之前，经过初步接触而形成的具有原则性、导向性意见的书面材料。在对外经济活动中，意向书往往显示了合作双方的诚意和意愿，同时也对双方的合作起着积极的促进作用。

意向书为进一步正式签订协议奠定了基础，是"协议书"或"合同"的先导，多用于经济技术的合作领域。意向书在市场经济活动中使用十分广泛，尤其在对外贸易、招商引资、企业之间双方或多方联营、联建等活动中使用得越来越多。其作用主要表现在：意向书是双方或多方进行下一步实质性接触和谈判的依据，它有助于相关企业之间进行联系，有助于进一步发展合作关系，为进一步签订正式合同奠定基础。

意向书的特点有三。其一是协商性。其二是灵活性。意向书不像协议、合同那样，一经签约不能随意更改，意向书比较灵活，在协商过程中，当事人各方均可按各自的意图和目的提出意见，在正式签订协议、合同前亦可随时变更或补充，最终达成协议。其三是简略性。

意向书虽然不具备合约的约束力，但表明签署人的严肃态度。如互惠基金持有人保证每个月的投资数额承诺，并购过程中买卖双方经过认真讨论签

署的初步文件等。

意向书的结构是怎样的

意向书一般由标题、前言、主体和结尾等部分构成。

1. 标题

意向书的标题一般由合作内容、合作方式或项目名称、文种组成。如"关于共同开发空气净化机的意向书""加盟连锁店意向书""合资经营厂意向书"等，使人对合作项目及内容一目了然。也可以直接写为"意向书"。

2. 前言

意向书的前言即正文的开头部分。一般写明合作双方在何时、何地就什么项目进行洽谈。为了行文简洁，往往将协议双方分别用括号注明"简称甲方""简称乙方"。结束语常用"现将有关意向归纳如下"或"……达成意向如下"引出主体正文。

3. 主体

意向书的主体是其中心内容，主要将双方商谈、认可的事项和意愿以分条的方式表述出来。由于意向书只是一种意愿的表达，因此，主体的内容条文没有严格的程序要求，一般是将共同关注的条文放在前面。一般来说，其内容主要包括：

（1）合作项目的范围。包括生产经营的主要产品类别，交易货物的主要品种、规格等。

（2）投资总额及双方出资数额。如与外商合作，投资额的货币单位要求统一。可用双方任何一方国家的货币单位，也可用双方认可的第三国货币单位。双方匡算了投资总额后，还应写明双方出资的数额和各方所占投资总额的比例。

（3）合作企业的名称与地址。名称与地址均写全称。选定地址的，应写明详细地址；尚未选定的，应注明大致区域。

（4）产品的销售方式。产品内销和外销的比例，以及双方各自负责的销售比例。

（5）设备、原材料的来源。

（6）合作的期限。

（7）进一步洽谈的打算。

4. 结尾

意向书的结尾即签署部分，应署明甲、乙双方单位的名称、双方代表的职务、姓名以及签署日期。

意向书的写作要求

意向书代表了签署人的态度和要求，是一种较为严肃和正规的文本，企业文秘人员在撰写时应当严格按照格式写作，此外还应把握以下几点事项。

1. 充分表达双方的意愿

意向书是在双方经过初步洽谈、接触的基础上拟定的。双方每次的洽谈和接触都会有备忘录或会谈纪要，只有认真地了解这些文件，归纳双方的表示，才能够写出充分表达双方意愿的意向书来。

2. 态度认真负责

意向书不是一个具有法律效力的文件，但它是双方愿意合作的第一个文件，也是进行谈判、实施合作的依据。这就要求在签订意向书时，态度必须认真负责、严肃对待，既不能粗心大意、轻率签订，也不宜不加斟酌、随意承诺。

【例26-1】

合资成立医疗机械有限公司的意向书

2015 年×月×日至×月×日，××医疗仪器厂厂长×××先生、副厂长×××先生（以下称甲方）与德国××责任有限公司总裁×××先生（以下称乙方），进行了多次洽谈，达成合作意向如下：

一、合营公司正式名称为"××医疗机械有限公司"。主要生产泌尿外科、耳鼻喉科、妇科、胸腹外科等各种医用硬管内窥镜。

二、"××医疗机械有限公司"的投资总额为6 500万元人民币。双方投资比例初步定为：甲方投资3 575万元人民币，占投资总额的55%；乙方投资2 925万元人民币（以当天外汇牌价折合为人民币），占投资总额的45%。利润按投资比例分成。

三、主要设备由乙方按照双方商定的品牌、型号、价格，在国外与生产厂家联系购买。

四、乙方提供生产、检验技术，并负责产品在欧洲市场的销售。

五、××医疗机械有限公司设在甲方原厂所在地。厂房的改建、扩建工程由甲方负责。

六、合营期限暂定为20年。

七、甲方应在2005年×月×日前制定项目建议书，并负责在2005年×月×日前上报有关部门立项，争取在2006年×月前正式投产。

甲方：××医疗仪器厂　　　　乙方：德国××责任有限公司

厂长：　　　　　　　　　　总裁：

（签章）　　　　　　　　　（签章）

2015年×月×日　　　　　　2015年×月×日

【即学即练】

参照以上意向书范例，结合自身工作实际，撰写一份意向书，字数600字左右。

_____

_____

_____

_____

第二十七章

怎样写好项目建议书

什么是项目建议书

项目建议书是指在拟合作的项目通过调查研究，初步分析得出肯定的结果后，对实施该项目所具备的条件、项目的发展前景及经济效益进行概略论证的文件。项目建议书国外称为"投资机会研究"，它是在签订意向书后，在调查研究、收集资料、初步分析投资效果的基础上，项目投资者向其计划主管部门提出的拟投资项目的正式书面建议，其目的是获得批准立项。

项目建议书是国有企业或政府投资项目单位为推动某个项目上马，提出的具体项目的建议文件，是专门对拟建项目提出的框架性的总体设想，该报告的核心价值是：

——作为项目拟建主体上报审批部门审批决策的依据；

——作为项目批复后编制项目可行性研究报告的依据；

——作为项目的投资设想变为现实的投资建议的依据；

——作为项目发展周期初始阶段基本情况汇总的依据。

决策者可以在对项目建议书中的内容进行综合评估后，做出对项目批准与否的决定。

项目建议书的内容一方面应充分地反映出立项的必要性和可能性，另一方面又不同于可行性研究报告，只需对拟建项目做粗略而概括的论证，对投

191

资估算的精确度允许在 ±30% 范围内。

项目建议书的内容包括哪些

项目建议书主要包括四个方面的基本内容。

1. 投资双方的基本情况介绍

（1）拟办项目的名称、地址。

（2）投资该项目的单位名称、地址、主管单位名称，项目负责人的姓名、职务。

（3）双方合作的必要性和可能性，包括技术和技术力量，产品品质和竞争力；国内外市场的供求、销售方式；利用国外资金以及对发展本行业经济所起的积极作用等。

2. 合作项目的主要内容

（1）拟办项目的内容主要包括经营范围、产品的选择、发展方向和生产规模及计划。

（2）销售渠道和国内外市场分析。

（3）主要原材料和配套件供应。

（4）合作项目的地点，周围环境及环境保护、基础设施、市政配套以及交通运输条件。

（5）合作方式和合作年限。

3. 投资及经济效益估算

（1）投资总额估算、注册成本、各方出资比例和出资方式，投资方式和资金来源（即是否以土地、厂房、机器设备作价投资；投资资金是自筹还是贷款等）。

（2）资金筹措、合作项目贷款的可行性。

（3）职工（包括管理人员、科技人员）人数估算和来源。

（4）外汇平衡估算及平衡办法。

（5）投资回收率、回收时间及合作各方经济效益的估算。

4. 需要解决的问题

需要解决的问题应如实地将项目尚存在的一些困难或需要有关部门协助解决的问题，以及如何解决的建议、打算写清楚，便于上级部门掌握、协调。

项目建议书的结构是怎样的

在项目实施之前，企业领导会就项目实施的具体情况向包括文秘在内的相关人员征询意见，在进行项目调查、项目材料分析、确定项目之后，通常会将项目建议书的具体写作细节交办给文秘人员。撰写项目建议书也是文秘人员不可少的一项工作，因此，写作之前了解项目建议书的结构和格式很有必要。

项目建议书作为一份正式的书面文件，除了内容有所规定外，格式上也有一定的要求。

1. 首页

项目建议书首页的内容包括标题和投资举办单位的基本情况。依次是：

（1）标题，即项目名称，标题的字体可稍大一点，以示突出。

（2）合作单位名称。

（3）双方单位项目负责人姓名、职务。

（4）双方主办单位地址、电话。

（5）双方单位上级主管名称。

（6）呈报日期。

2. 目录

项目建议书的目录单独放在第二页，依内容顺序按序码统一列出。作用是让审阅者对项目建议书的主要内容先有一个总的印象。

3. 主体结构

项目建议书的主体结构一般由标题、正文、结尾三个方面构成。

（1）标题。

项目建议书的标题采用公文标题的写法，一般由合作单位名称、

合作经营项目、文书名称三个方面的内容构成，如"武汉××厂和北京××公司合作经营汽车配件厂的项目建议书"。

（2）正文。

项目建议书的正文应按项目建议书内容的顺序分条列项来表述。必须运用可靠的事实和数据充分地说明项目设立的必要性和可能性。

（3）结尾。

项目建议书的结尾签署编制单位和日期。如有附件，应在结尾处写明附件的名称及份数。

项目建议书的写作要求

项目建议书的写作除了要遵循前述的格式和结构外，还需要注意一些其他事项。企业文秘人员在写作时应当把握以下几点。

1. 熟悉业务，占有资料

项目建议书是呈送上级审批的综合性经济报告，这就要求编制者比较熟悉该项目的业务，广泛收集合作双方的有关资料，掌握双方每次会谈纪要、备忘录和意向书的内容精神，以及本单位所具备的相应条件和经济状况。否则，很难编制出具有一定科学性的项目建议书。

2. 注重事实，理由充分

项目建议书的中心内容是论证项目设立的必要性和可能性。这种论证过程不同于一般的经济活动分析，不需要大量的严密的理论性的论述，而是通过确凿可靠的事实、充分有据的理由予以概括说明。例如可以从本单位的经营现状、投资方的技术、资金优势、项目（产品）的发展前景、合作后的经济效益等方面，陈述筹办合作企业的必要性和可能性，力求事实准确、理由充分。

3. 内容完整，简洁明晰

项目建议书条项繁多，内容复杂，在编制时要拟定提纲，逐一将条项的小标题列举出来，不要遗漏，保证内容的完整性。内容的完整性还要求做到主次分明，条理清楚。如前所述，项目建议书的内容前后分为四大部分，有较固定的表述顺序。随意颠倒、相互穿插都会破坏其内容的逻辑性和完整性。

在注重内容完整的同时，还应力求文字简洁明晰。如在介绍双方企业的资金、设备、生产能力和概述合营项目的发展前景时，可列举一些具体的数据，这样，既行文简洁又一目了然。至于那些概念模糊、含义空泛的词语如"该公司业绩非凡""设备先进""经营管理有方""产品过硬""发展前景良好"等应予摒弃。

【例 27-1】

城市设施项目建议书

一、总论

1. 项目名称

2. 承办单位概况

3. 拟建地点

4. 建设规模

5. 建设年限

6. 概算投资

7. 效益分析

二、市场预测

1. 供应现状（本系统现有设施规模、能力及问题）

2. 供应预测（本系统在建的和规划建设的设施规模、能力）

3. 需求预测（根据当前城市社会经济发展对系统设施需求情况，预测城市社会经济发展对系统设施需求量分析。）

三、建设规模

1. 建设规模与方案比选

2. 推荐建设规模及理由

四、项目选址

1. 场址现状（地点与地理位置、土地可能性类别及占地面积等）

2. 场址建设条件（地质、气候、交通、公用设施、政策、资源、法律法规征地拆迁工作、施工等）

五、技术方案、设备方案和工程方案

1. 技术方案

（1）技术方案选择

（2）主要工艺流程图，主要技术经济指标表

2. 主要设备方案

3. 工程方案

（1）建、构筑物的建筑特征、结构方案（附总平面图、规划图）

（2）建筑安装工程量及"三材"用量估算

（3）主要建、构筑物工程一览表

六、投资估算及资金筹措

1. 投资估算

（1）建设投资估算（总述总投资，分述建筑工程费、设备购置安装费等）

（2）流动资金估算

（3）投资估算表（总资金估算表、单项工程投资估算表）

2. 资金筹措

（1）自筹资金

（2）其他来源

七、效益分析

1. 经济效益

（1）基础数据与参数选取

（2）成本费用估算（编制总成本费用表和分项成本估算表）

（3）财务分析

2. 社会效益

（1）项目对社会的影响分析

（2）项目与所在地互适性分析（不同利益群体对项目的态度及参与程度；各级组织对项目的态度及支持程度）

（3）社会风险分析

（4）社会评价结论

【即学即练】

参照以上项目建议书范例，结合自身工作实际，撰写一份项目建议书，字数 700 字左右。

_____

_____

_____

_____

_____

_____

第二十八章

怎样写好招商文案

什么是招商文案

招商单位通过向社会提供一定范围的经营业务或经营场所来吸引社会投资，以获得资金来源的行为称为招商。为达到这一目的而制作的文书即为招商文案，是招商单位为了传播招商信息、供应市场、满足投资者需求而设计的文书。这种文书除张贴、登报、电视播映外，也可用挂牌、吊牌、霓虹灯宣传。

招商文案具有如下作用。

1.营销作用

让投资者了解投资的好处，通过具体真实的说明、公平公正的方式来吸引社会公众的投资，以达到招商引资的目的。

2.告知作用

向社会公布招商单位、招商项目的具体情况，让投资者在充分知晓、掌握相关信息的前提下做出投资决策。

3.纽带作用

招商文案的撰写是招商单位与投资者达成合作的关键环节，它将招商单位的基本情况、招商项目的具体内容、招商地段、经营场所、经营方式、商品范围、招商政策、招商服务、盈利预测予以公开，引起投资者关注，从而产生合作。

招商文案的结构是怎样的

招商文案有特定的格式，秘书在写作之前应当了解并掌握相关格式。一般来说，招商文案由标题、正文、落款三部分构成。

1.标题

招商文案的标题的写作有两种形式。一种是公文式标题，即由招商单位、事由和文种组成，也有的用事由或事由加文种组成。另一种是广告式标题，目的是为了吸引投资者。

2.正文

招商文案的正文以说明为主，必要时辅之以图表，介绍招商单位、招商项目的具体内容，写清楚招商地段、经营场所、经营方式、商品范围、招商优势及招商政策，招商服务。做到文辞简洁流畅，重点突出明朗。

3.落款

招商文案的落款招商单位名称、日期、联系方式等，以便于投资者联系。

招商文案的写作要求

招商文案事关重大，影响企业招商活动的成败。企业文秘人员在拟写招商文案时，要仔细斟酌，权衡利弊，综合各方面情况，才能写出一份完美无缺的招商文案。

在具体写作过程中，需要把握以下要点。

1.确定招商对象，选择目标市场。准确详细介绍招商单位、招商项目，因为其内容的真实、准确、全面与否直接影响投资者的决策。

2.介绍招商政策，以优质服务为前提，优惠政策为主导。突出招商项目的最大优势，预期的最高利润回报，以赢得潜在的投资。

（1）我们为什么要招商？

招商项目的根本价值在哪里？

在今天的商业环境中，任何一种商品及服务，都必须具有市场价值。对于投资者来说，他们投资是为了追求最大的回报。对于客户来说，商家提供的服务及产品是否具有真正的价值非常重要。这是任何一个招商引资项目成功的关键所在。曼库索博士曾经多次在演讲时，向中国的听众们提问，他所问的问题是：当我们经营某项生意时，请大家列出最重要的一个因素，从而使这项生意能够获得真正意义上的成功。我们从中国的听众中得到的大多数的回答是：资金、人才、管理、政府优惠政策等等。而曼库索博士的答案是：虽然那些因素都是重要的，但是，做生意成功的一个最根本的决定因素就是"谁是你的客户"，你的客户的需求是什么？因此我们招商手册最根本的内容应该围绕客户的需求来撰写。

（2）我们招商引资的优势在哪里？为什么我们的项目最值得外商来投资？

尽管我国各省、市地方政府在对外招商手册中，都包含有市场分析或预测的内容，但国内各地项目招商手册中，有关市场的分析和预测，绝大部分是对市场笼统的静态分析。往往还有一些招商手册夸大对市场的形容，夸大未来的经济效益，没有经过系统的、严密的市场调查，缺乏完整的、科学的数据分析。投资者们对市场的分析和评估极为关注，因为市场分析是否准确，将直接影响到他们投资后的经济效益和预期战略目标。

（3）我们的招商引资项目是否经得住时间的考验？

在今天的市场环境中，竞争异常的惨烈，科学技术呈爆炸式的发展，各种产品及服务层出不穷，稍不留神，你的产品及服务即可能成为竞争中的淘汰者。这种例子，无论是在中国还是在美国，比比皆是。事实上，投资者非常注重投资的时效性，因此，我们在招商引资的进程中，特别是在我们的招商手册里，必须对此做出客观明确的分析及评估。这不单单是对投资者们负责任，对于我们招商者本身来讲也大有裨益。

（4）我们要真正搞清楚中国及海外的资产及财务分析的方法及程序。

在我们的招商手册及商务计划书中，金融及财务分析是我们最薄弱的一块。我们在金融及财务上的理解，往往与投资者所习惯的方式大相径庭，我们常常看到海外投资者经常不断要求中方出示这样那样的财务报表或有关的资料，中方也尽力而为了，但是，往往最终中方所提供的财务资料难以符合投资者的需求，从而导致双方的合作终止。

故此，我们的建议是：我们要进行成功的招商引资，在操作过程之中，某些环节必须借助专业人士来完成。投资分析是专业性极强的领域，在这一方面，我们需要利用专业人士的专业知识，把我们的投资预期与财务安排描述得清清楚楚。需要强调的是，要运用专业的英文表达出投资者可以理解的信息。这里边会牵扯到翻译费用问题，但是这笔钱往往省不得。

总而言之，招商引资本身就是一个复杂且极富专业性的系统工程。我们必须做到有计划、有系统地利用各方的专业资源来配合我们完成招商引资的工作，这样我们才能够事半功倍，圆满地完成招商引资。

归根结底，必须回答或讨论以上提出的问题。只有说服自己以后，才能去说服投资者。这是秘书人员在写作时需要把握的重点。

【例28-1】

最先签约的50家门店加盟金减半
9万元轻松投资，同享商品销售返利
××便利店招募加盟商

××便利店有限公司成立于××××年，现属中国××食品股份有限公司旗下的控股子公司。公司现拥有集直营、委托和特许加盟三种经营模式为一体的专业便利店达1000余家，分布在××、××两省和××地区15个大中城市。20××年公司年营业总额达16亿元人民币，预计20××年公司将实现1300家连锁店的规模，创销售额22亿元。集物流、商流、信息流及资金流于一体的现代信息化管理技术和商业自动化操作系统覆盖于全国所有的××便利店，是与投资者、协作伙伴实现共生与双赢的强有力的保障。

××便利店有限公司自××××年成为全国第一家由中国连锁经营协会授予的"中国特许经营备案企业"以来，为了探索适合国内便利店生存与发展的盈利模式，公司加盟体制不断趋于合理和完善，政策类型多样化，适合在××及××地区不同特征的城市推广运作，迄今为

止已成功培养了一批具有专业化管理素质的加盟业主，他们中的业绩突出者还在"××年度中国优秀加盟主"的评选中获得殊荣。××便利店更是凭借大胆的创新和实践，成为××年度全国唯一一家入选"中国优秀特许品牌"的便利店公司。20××年，公司加盟店比例将占到30％，其中有90％以上的加盟店具备盈利能力，与此同时，公司的另一个目标是注重并培养一批稳定的，有相当的经济实力的（平均水平约60万元）加盟者队伍。

一、加盟运作方法

自带经营场地加盟××公司。由××公司按其"××便利"的连锁管理方式统一经营，统一运作，使用"××便利"的统一形象标志，按照"××便利"的统一标准进行商品配送，网络管理，财务结算并加入商品退调系统。毛利额按一定方式进行分配。

（一）加盟方具备条件

1. 自备经营场所。应保证5年左右使用期限，营业面积60～100平方米；保证用电力：20kW。

2. 加盟金。人民币贰万元整。一次性支付合同生效后，该笔费用不予返还。

3. 门店装潢。加盟方出资，按××便利店有限公司标准进行装潢和门店验收。

4. 营业执照。由加盟方自办，××便利店有限公司协助。

（二）可的提供条件

1. 商品和设备。均由××便利店有限公司免费提供，加盟方应妥善使用，保管。需加盟方提供10万元的信用保证金。合同结束后双方没有争议，且无债务关系予以返还（不计利息）。

2. 帮助装修及享受补贴。装修费用超出5万元时，溢价部分由××便利店有限公司补贴，当装修费用低于5万元时按工程实际价款退还加盟方（门店招牌由××便利店有限公司出资安装）。

3. 销售超额部分提奖返利。

日均超4 000元／天，返利提奖1.5％；日均超6 000元／天，返利提奖3%（不含各类代售代付及服务类项目）。每月进行账务结算，销售越多返利越多。

4.员工免费培训。加盟方自行招聘，××便利店有限公司提供免费的岗前培训及开业后2个月免费的门店带教。

5.第一年的毛利保底政策，与你共度经营风险。

（三）合作双赢的分配方式：

特许加盟毛利分配比例见下：

毛利／月	××便利店分配	加盟方分配
≤4 0000	25%	75%
>40 000	30%	70%

加盟方承担经营性费用：水电，工资，物耗，房屋租金，各类维修及开办费用。××公司承担费用：固定资产折旧，递延资产折旧，配送费。

二、加盟咨询

1.本地公司加盟说明会时间：每周二下午1：30。

说明会地址　××路××号×××教室

2.外地公司加盟说明会时间：每周四下午2：00。

在各分公司本部培训教室（请向各分公司问讯）。

3.网点勘察接待：每周1～5上午。

4.勘察回复时间：3个工作日。

5.各城市的地区授权加盟请E-mail至可的总部，我们会依据条件及时与您取得联系。

区域授权申请条件（请在E-mail内说明）；

注明申请城市的人均GDP情况；

区域加盟申请人的个人情况简介，联系方式；

申请人注册资本不少于100万元，能在申请地区同时展店3家的；

具有管理区域的能力及市场拓展的能力（有门店资源者优先）；

区域加盟申请E-mail（略）。

6.各分公司特许（单店）加盟咨询电话及E-mail（略）。

注：上述内容解释权归属××便利店有限公司所有。

【即学即练】

　　参照以上招商文案范例，结合自身工作实际，撰写一份招商文案，字数
800 字左右。

——————————————————————————————

——————————————————————————————

——————————————————————————————

——————————————————————————————

——————————————————————————————

——————————————————————————————

第二十九章

怎样写好策划方案

什么是策划

策划就是根据现有的资源信息，判断事物变化的趋势，确定可能实现的目标和预算结果，再由此来设计，选择可能产生最佳效果的资源配置和行动方案，进而形成决策计划的复杂思维过程。策划是企业的策略和规则，它包括从构想、分析、归纳、判断，一直到拟定策略、方案的实施，事后的追踪与评估的全部过程。

可以通过以下四个方面来了解策划的内涵。

1. 从策划的过程看，一个完整的策划，基本上包含了预测和决策两大步骤

首先是预测，它要对组织未来发展的前景和趋势进行科学的分析和准确的判断；然后是决策，它要在预测的基础上，对组织的应对方针和行动措施进行大胆的抉择。所以，任何一种策划都是"大胆设想，小心求证"的过程。

2. 从策划的内容来看，一个完整的策划基本上都包括了战略策划和战术策划两大基本内容

其中，战略策划是统筹天地人等综合资源环境，以确定长远的目标和方针，使自己在总体上永远立于不败之地，并且还能保持创造发展的态势，保持一种良性的循环；战术策划则是为了实现战略所必须采取的一系列行之有效的行动方案。战术策划具有很强的可操作性，它往往要设计出"做什么、如何做、

何时何地做"等每一个环节的运作步骤，从而确保每一个环节达到最佳的组合，在每一个阶段都取得最大的效益。

3. 从策划的性质来看，策划是一项极为复杂的综合性思维工程

首先，策划本身就是一种极为复杂的思维活动过程，是策划者运用知识、信息、智慧进行复杂的脑力劳动的过程，属于出卖智慧的智力咨询业；其次，策划是一项综合性思维工程。在策划过程中，既要运用周密严谨的理性思维，进行分析、判断和预测，又要运用灵活多变、富有创意的感性思维进行想象、创造和重新组合。对各种思维方式进行综合运用，是策划成功的关键所在。

4. 从策划的范围来看，策划普遍存在于人类行为之中

无论是政治统治、企业经营，还是个人发展都要精心地设计和策划。

什么是 CI 策划

CI 策划就是企业形象的识别策划，它是指策划者为了达到企业目标，尤其是树立良好企业形象之目标，在充分进行企业实态调查的基础上，对总体企业形象战略和具体塑造企业形象活动进行谋略、设计和筹划的运作。

CI 的三大构成要素：理念识别（MI）、行为识别（BI）、视觉识别（VI）。这三者相辅相成，其交集即为完整的 CI 概念。

1. 理念识别

理念识别是指一个企业经营理念的定位，形成企业自身独特的经营观念和价值体系，从而与其他同类行业相区别。

企业的经营观念是企业经营的方针、战略目标、价值观念和管理体制的总和，是对外统一企业形象等具体经营实践活动的总和。经营理念的具体内涵，体现在 BI、VI 之中。

2. 行为识别

行为识别是指企业在其经营理念的指导下，形成一系列的行为活动。

它表现在企业战略范围的制定、经营目标的确立以及由此衍生出的企业管理方法、管理风格的形成、组织机构的设置、产品发展的方向、促销手段的运作、公关活动的范围和目标等方面。

3.视觉识别

视觉识别是在企业经营管理理念的确立和经营目标确定的基础上，运用视觉传达整体形象设计的方法。它要求设计出系统的识别符号，从而突出企业精神，刻画出企业的个性。目的是使企业内部、社会各界和消费者对企业产生一致的认同感和价值观。

视觉识别在树立企业形象上起着比 MI 和 BI 更为直接的作用。它所采用的直观设计将企业的经营管理观念和战略目标充分表现出来，借助各种传播媒介，让社会各界和消费者对传递的信息一目了然，达到识别的目的。

什么是专题活动策划

专题活动策划主要指对外接待、参观、开业、庆典、展览、新闻发布会、记者招待会、竞赛、捐助等大型活动。这种专题活动是为了达到一定的目的，在一个特定的时期、特定的场合下，使成为对象的每一个人都能亲身体会到直接针对性的某种刺激媒介，这种直接性是报纸杂志、广播电视等媒介所不可比拟的。而专题策划就是对上述这些活动所制订的活动计划。

一场成功的专题活动策划，需要具备以下几点。

1.可信度

活动策划策划好，还需要有一定的可信度，在大多数情况下，可信度源自方案的执行力。特别是专业从事活动策划的公司，活动策划得再好，没有足够的资源实施也是不行的，长年的活动举办经验，不但能为活动策划者提供丰富的经验，更重要的是能累积足够的执行资源。

2.吸引力

对目标受众的吸引力大小是活动推广策划成功与否的根本。在一个活动推广策划中，要充分招引用户的注重和参加，就要捉住地点用户集体十分重视的热门，对用户晓之以情，晓之以利，激起用户的热心，促进用户十分活跃地参加。

提高活动的吸引力，需要有构思，策划的主题要可以满足用户的好奇心、价值表现、荣誉感、责任感、利益等各方面的需求，还给予恰当的些许物质鼓励，这将会大大地提高目标受众的重视度以及参加认识。

3. 关联度

活动策划内容要和活动本身目的紧密衔接，要擅长整合关联性较强的事情以及关联的资源。活动推广没有关联性是十分天真和整脚的策划。

以房地产为例，一个高档房产楼盘搞一个草根红人炒作活动就十分不妙。房产楼盘需要根据意向客户的定位来采取推广活动，可以采取表现楼盘高端生活的活动，如邀请高尔夫比赛冠军参与房产推广。

4. 执行力

活动推广不单单需要前期精心的策划，推广策划的计划能不能最大限度地执行是非常关键的。执行力首要表现在具体的任务描绘、任务流程步调、执行人员、执行时间、突发事情的处置计划等。在活动执行的进程中若是出现问题，惹起用户的不满情绪，那活动的推广作用就会打折扣，乃至对网站起到恶劣的反作用。因而活动推广的慎重有序的执行力，是整个活动推广中十分重要的要素。因而，在活动前，关于整个活动的活动计划进行反复推敲，查看能否有缝隙。关于大型的线下推广活动，为保障执行的疏通，最好有一个比较好的训练和演习。在活动中要统一指挥，严厉有序地执行，顺利开展。

5. 传达力

企业在开展活动推广时，很多情况下是希望把它的品牌文化传达给更多的用户集体，完成最大化的品牌宣扬效益，活动推广的传达力表现在活动前、中、后的各个时期。活动前，勾起用户的爱好和重视，为活动发生预热；活动中，做好活动组织任务，把活动的内容与主题会集展现出来，经过用户的参加，获取用户对企业及企业文化的反馈；活动完毕后，把宣扬效应进一步分散和延伸。经过其他的信息传达媒介，把活动的影响力进一步扩展，获取更大的商业价值。

策划方案的内容包括哪些

作为企业的秘书人员，会时常要撰写策划方案。策划方案不同于其他文体，其格式内容与其他文体都有着较大的区别，事先了解策划方案的写作格式是秘书人员的首要一课。那么，策划方案的格式是怎样的呢？

1. 封面

策划方案的封面应该具备下列四点：策划的形式、策划的主体、策划日期和策划的编号。

2. 序文

策划方案的序文是指把策划书所讲的概要加以整理，内容简明扼要，让人一目了然。

3. 目录

策划方案的目录的内容必须详细、准确，从而确保读过之后能让人了解策划的全貌。

4. 宗旨

策划方案的宗旨主要是对策划的必要性、社会性和可能性等问题的具体解说。

5. 内容

策划方案的内容是其最重要部分。内容因策划的类型不同而有所变化，但是内容应该具体，可操作性强，应该避免过分学术化、枯燥化、笼统化以及强词夺理等。

6. 预算

策划必然需要一定的人力、物力和财力。因此，策划方案必须进行周密的预算，使各种花费控制在最小的规模内，以获得最佳的经济效益。在预算经费时，为方便起见，最好的办法是绘制表格。

7. 策划进度表

策划方案的策划进度表就是把策划活动起讫全过程拟成时间表，标示清楚何年何月何日做某种事，作为检查策划的进展情况。

8. 有关人员任务分配表

策划方案的有关人员任务分配表是人事安排上必需的，何人负责何事，必须写清楚。一旦发生权责不分或者某项环节出差错，马上可以采取相应的人事变动。

9. 策划所需物品及场地

在何时何地提供何种方式的协作，需要怎样布置要详细安排。

策划方案中的策划所需物品及场地部分可以附加也可以省略，主要是给策划参与者提供决策参与。资料不宜太多，选择其要点即可。

撰写 CI 策划方案步骤一：市场调查

CI 策划方案内容涉及方方面面，一份成功的 CI 策划方案建立在详尽完备的资料基础之上。就需要进行市场调查，搜集各方面资料，企业文秘人员应当配合领导及相关人员积极做好调查工作。

1. 企业现状调查

企业现状调查一方面对企业的产品品种、产品质量、市场占有率、利税完成情况、新产品的开发情况、企业的规模，以及组织结构、企业的营销计划及财务制度、企业员工的素质等"硬件"进行调查和分析；一方面对企业的价值观、经营理念、企业精神、决策方式、民主管理方式及员工参与管理的程度、员工的满意程度、企业激励方式、内部人际关系、企业领导形象等"软件"进行调查。

2. 企业形象调查

企业形象调查应该从企业的美誉度和信誉度等方面着手进行。调查公众对本企业的态度和印象。

知名度是指企业的名称、外观、标志、产品特点、商标及商品包装等被公众知晓、了解的程度，以及对社会影响的广度和深度。这些都是评价一个企业知名度的客观标准。

美誉度是指企业获得公众信任、赞美的程度以及对社会正面影响的程度。

信誉度是指公众对企业的产品、劳务、价格、服务方式等是否欢迎和满意，对企业信任的程度以及公众对企业经营管理、社会活动、环境卫生、员工形象的评价等。

3.企业内部调查

企业内部调查要了解广大员工对企业的凝聚力、满足感、权利要求以及各种批评和建议，了解他们对领导层所提出的总目标的信心和支持程度，发动全体成员寻找实现企业目标的薄弱环节以及改善措施。

4.企业外部环境调查

首先，企业外部环境调查是对政策法律环境的调查。

了解党和国家的方针、政策、法律、条例等，特别是与企业运作有直接关系的经济合同法、企业法、反不正当竞争法、商标法、广告法、税法、环境保护法等。此外，对于国家近期出台和将要出台的有关政策等都应进行及时的调查和研究。

其次，企业外部环境调查是对竞争对手的调查。

准确、适时地了解、掌握企业竞争对手的情况，对于成功地进行企业形象策划起着重要的作用。对企业竞争对手的调查包括：竞争对手的规模及产品的市场占有率；竞争对手在形象策划中投入的资金量、所采取的行动以及这些行动的成效如何；竞争对手未来的发展趋势及动向、竞争对手在目标消费者及社会大众中的信誉和形象与本企业相比如何；竞争对手的市场战略和竞争战略是什么，其中新产品开发能力及市场营销能力如何等。

再次，企业外部环境调查是对社会问题的调查。

这项调查主要是调查社会中产生的重大事件及社会思潮给企业目标和公众带来的影响。比如我国加入WTO以后对企业造成的影响、生态环境的破坏对企业造成的影响、西部大开发对企业造成的影响等。这些变化不仅会影响公众对企业的意见，还会影响到公众对某些产品的需求，甚至影响到企业的生存与发展。

撰写 CI 策划方案步骤二：分析资料

选题是企业形象调查的起点，它为整个调查指明了方向和目的。选题的时候所选的题目应该尽量具体一些。例如"公众是否了解本企业的名称、标志、产品和服务""公众对产品的了解程度如何"等。再比如"公众评价调查"这一题目过于空泛和说教，应该具体确定为"公众对本企业产品质量、产品配套服务、经营管理、社会活动、员工形象的评价如何"。

通过调查，掌握了大量的企业形象信息资料，但还必须对这些信息资料进行认真的整理、统计与分析，从中确定出所要了解和掌握的具体内容，为企业形象策划提供有效、有价值的情报。

1. 企业形象要素的分析

企业形象要素并非单一的，而是全面的、系统的，它包括公众对企业整体的了解，例如一家公司在公众心目中的经营方针是否正确，业务水平是高还是低，办事效率是高还是低，服务的态度是好还是坏，经营的业务是否有创意，管理顾问是否有名气，公司规模是大还是小等，这些要素就是这家公司的形象要素。不同类型、不同性质的企业，其构成形象系统的要素不尽相同。

2. 知名度与美誉度的分析

知名度与美誉度是说明企业形象的具体指标，反映社会公众对企业的总体态度和评价。通过对企业知名度和美誉度的分析，概括出企业的总体形象。

3. 企业形象差距的比较分析

企业形象差距的比较分析将企业的实际社会形象与企业自我期望形象进行比较，揭示两者之间的差距，以弥补或者缩小这种差距便是下一步企业形象策划方案及企业形象塑造的目的。

撰写 CI 策划方案步骤三：拟订方案

在对有关企业形象信息资料进行分析整理后，就要开始制订撰写 CI 策划方案了。企业文秘人员在撰写 CI 策划方案时，应当按照以下程序进行。

1. 确立目标

确立目标是决定企业形象策划工作的方向，也是检验策划工作成效的标准。确立目标时，策划者应该根据企业形象调查分析的情况，结合企业的长期经营目标，为企业形象策划确立总体目标和具体的目标。

2. 编制预算

编制策划时应当详细、准确地将资金的投入数额、投入时间、投入方式等写清楚，以便作为论证时的有力依据。

3. 拟订方案

拟订方案首先要明确面临的任务。企业形象策划工作是一项系统工程建设，它对全体企业员工都有要求，对策划人员更有细致的任务安排。这些都应该反映在方案之中，落实到人员身上，使每个人都能既了解企业的任务，又知道自己的责任，便于施行"全员形象管理"。

其次要确立合理的目标。目标是策划工作的灵魂，是经过广泛的调查研究、广泛的讨论、决策层的议定而定的，应该说是合理可行的。

再次是编制工作程序。策划者必须将工作程序编制成具体而明确的工作程序，从而让全体人员在明确目标的指引下，按照方案规定的程序，一步一步地执行。

最后要抓住主要矛盾，分清轻重缓急，集中力量解决主要矛盾。

对企业形象策划方案能否成立，要运用心理学、社会学等学科的成果，采用一些有效的组织形式，充分发挥专家的智慧，以便使决策更加准确、有效。

撰写 CI 策划方案步骤四：撰写报告

在调查报告中要把了解到的企业形象状况及对问题的分析都阐述清楚。如果企业处于特殊时期，更要尽量详细阐述，应该从以下几个方面撰写。

1. 企业目前所面临的最主要的形象危机以及危机所产生的原因

2. 企业形象危机发生的时间、地点、工作环节和主要责任者

3. 公众受到哪些影响以及影响的程度

4.问题发生的过程

5.危机对企业的影响以及影响的程度等

如果企业处于一般时期，应围绕以下几个方面撰写。

1.企业目前知名度与美誉度情况分析

2.企业形象要素分析及形象差距状况

3.公众对企业的要求

专题活动策划方案的基本步骤

专题活动策划方案的撰写，可按以下步骤进行。

1.选定主题

主题是对活动内容的高度概括，是整个策划的灵魂。要为广大公众接受，就必须首先选好主题。

2.确定日期

日期的选择一般较为灵活（固定的纪念日除外），但策划人员首先要将日期和时间确定下来，以便做具体的时间安排，并将其列入组织计划中去。

3.选择地点

策划人员在选择活动地点时必须考虑公众分布情况、活动性质、活动经费，以及可行性等因素。

4.通知参加者（略）

5.具体日程安排

（1）设计日程计划表，明确起止日期。只有明确起止时间，计划才算完整，在日期栏中明确每一天的活动项目。

（2）公众宣传日程。除节目内容和日期的安排外，许多公司同时也进行公众宣传方面的日程安排。

6.费用预算

无论举办什么活动，都要考虑成本问题。策划人应计划如何用有限的资金支付各项费用；估计可能发生的各种支出，以呈报上级批准。一切可能的费用都应估计到。

7. 利用媒介扩大专题活动的影响力

专题活动虽然自身就是一种媒介，但为了进一步扩大活动的知名度和影响力，发挥专题活动的辐射功能，还需要借助各种大众传播工具，使之配合专题本身，创造专题活动的最大效益。

【例29-1】

×× 化工厂污染事故的公关策划

×× 化工厂由于废水没有得到及时处理，对流经的附近水域造成污染，致使鱼类大量死亡，以捕鱼为生的渔民愤怒地涌入化工厂，造成了严重的社区关系纠纷。

为了正确处理这起社区关系纠纷，该厂公关部进行了充分的调查研究：

①调查外部公众，特别是渔民中意见领袖的态度和意见；②调查内部公众，特别是工厂管理者和其他意见领袖的看法和意见；③检验水质和了解鱼类死亡的情况。

在调查的基础上，分析污染产生的原因：①领导不重视环保工作，内部无环保机构；②职工环保意识淡漠，环保知识贫乏；③技术设备陈旧；长期忽视工厂与社区的关系。

针对存在问题和形成原因，该厂公关部门制定了如下公关目标：

①在全厂普及环保法规；②成立环保机构；③改造旧设备，使"三废"排放量达国标；④进行环保技术培训；⑤建立工厂与社区的环保相互监督机制；⑥建立新型社区关系。

根据所确定的目标。确定公众对象：①外部公众主要是渔民中的意见领袖；②内部公众是化工厂全体职工。

根据目标和公众对象，确定主题为："让我们共同拥有一个良好的环境。"并以此为主线，拟定如下公关活动项目：

①在厂区车间和社区路旁设置环保标语、板报及环保意见箱；②举

办环保知识讲座；③改造旧设备；④走访渔民，组织渔民进厂参观，设立渔民环保监督员，组织工厂与社区的联谊活动；⑤为社区办实事，如义务培训社区教师、科技人员、扶持社办企业，修理乡村干道和乡村学校，为社区孤寡老人排忧解难。

在确定项目的基础上，选择传播方式和媒介如下：

①人际传播：走访渔民家庭，设立渔民环保监督员，组织渔民进厂参观等。

②组织传播：进行环保知识讲座，运用有线广播、闭路电视、厂报、意见箱等进行环保宣传教育，收集环保方面的建议和要求。

最后，该厂公关部对这项公关活动进行了预算，包括人员、经费和时间三个方面：

①人员预算：公关经理1名，公关策划2名，新闻采编2名，摄影摄像2名，美工2名，环保专家2名，其他3名，共14名。

②经费预算：三次讲座100元，一次参观50元，录像制作200元，联谊活动100元，标语及板报50元，意见箱2个共10元，改造旧设备10 000元，捐助小学1 000元，修路200元，其他200元，共计费用11 910元。

③时间安排：

4月1-3日，走访渔民中的意见领袖；

4月4-7日，三次环保讲座；

4月8-15日，一周电视环保法教育；

4月16-23日，一周电视环保专题节目；

4月24-30日，制作环保标语、宣传栏和板报并安置完毕；

5月1-4日，工厂与社区文体联欢；

5月5-6日，意见箱安置在厂区与社区；

5月7-8日，组织渔民分批参观工厂；

5月9-11日，整修乡村干道、维修乡村小学校舍，义务为孤寡老人劳动；

5月12-13日，举办两次渔民科普讲座；

5 月 14-15 日，评估结果、总结经验教训。

共计 45 天。

通过以上公关策划并实施之后，该厂公关部对活动结果进行了检查：

①举办了一次环保法规和环保技术知识竞赛，检查了全厂职工掌握环保法规和技术知识的情况，通过奖励先进，进一步促进了职工环保教育；

②对环保机构的设置和工作情况进行了解；

③测定设备改造后的"三废"排放量，基本达到了国标；

④定期开箱了解有关环保意见和建议，发现职工环保意识加强了，渔民们也对环境的改善表示满意；

⑤与社区的关系状况得到了全面改善。

【例 29-2】

"信心药业" CI 策划案

说明：本章分为三个部分，第一部分为本策划案的总观念策划；第二部分为本 CI 策划案的具体实施计划的细则；第三部分为指导性 CI 手册。

第一部分：总观念策划

一、×× 中药制药厂的原有管理和经营架构须完全重新确立，由规整与设计委员会投票决定，把 ×× 中药制药厂改名为信心药业。

对企业来说，从破产、收购到重整，"信心"要体现企业振兴民族工业，以规范化经营为起点，勇敢进入市场竞争轨道，追求决胜于市场的坚定信念；"信心"使企业的每一份工作都向现代市场秩序看齐，以管理出众和营销卓越的全新姿态赢得公众、赢得市场；"信心"使企业展望未来，不迷失于急功近利，不满足于"一城一池"的胜利，而注重把握产业发展方向，把握市场发展趋势，在长期发展、持久扩张的努力中，把企业发展成信誉卓著，品牌坚挺，销售额、利润都名列行业前茅的先进企业。

对受命于危难之际的企业干部来说，"信心"的名义提醒大家，作为企业的设计者、决策者，作为员工的带路人，应当深知企业的发展不仅取决于自己的能力与责任感，更取决于不可动摇的信心和百折不挠的恒心，身上维系着上千名员工工作理想、生活幸福的众人。

对全体员工来说，虽然于种种的原因，以往曾经辉煌的企业衰败了，但是"信心药业"的诞生毕竟带来了新生的喜悦。尤其是，拥有"信心"，意味着人们依然是最优秀的一群，其实人的潜能无限、人的智慧无限，只要有一个良好的环境，只要有学习和表现的机会，只要能获得应有的重视，"信心人"绝不会比任何企业的员工有半点的逊色。

对"信心药业"所在的产业——制药行业来说，"信心"传达着更为重要的理念：解除病痛，药物固然重要，但更重要的是对生命的信心和热爱。"信心药业"还您健康，"信心药业"更添加您的信心。"信心药业"不仅仅出售药物，"信心药业"更注重"信心"的传达。信心是健康之源，信心是幸福之本。"信心药业"从事的不仅仅是药的事业，更是建立幸福生活的事业。

二、本次 CI 作业共分三大工程：

1. 以企业价值系统建立为核心的企业文化工程；

2. 以营销系统建立为核心（理所当然地包括了 VI 部分的设计）的品牌工程；

3. 以管理系统建立为核心的教育工程。

三、本次规整与设计是以 CI 导入的手法来实施，借鉴 CI 的技术，部分实施 CI 的内容，但不以理论上完整的 CI 系统为作业模式；紧密切合药厂的实际，以抓住要害直奔主题为原则来设计操作方案。

1. CI 三部分（VI、MI、BI）的设计、考核和实施。

2. 近期规整策略，就整顿工厂秩序、建设锻炼营销队伍，尤其是引进变革观念、形成民意基础、实行民主管理等问题做出具体安排。

3. 长期经营策略，培养市场意识，把 CI 技术交到企业管理者手上，让其更好地管理运行信心药业。

四、对信心药业引入 CI 并实施，应采取适用于企业、适用于管理者、适用于员工，还有适用于市场的方法。

1. 企业形象设计——为信心药业设计一套完整的形象方案，包括有形展示的实物等的形象、企业理念精神、员工守则、行为标准、主题音乐等。

2. 管理人员及员工的培训，针对 CI 导入，对管理者和员工灌输 CI 的概念、企业理念和激励制度等。在理念灌输方面，计划实行每天升国旗、唱国歌，增强员工的爱国主义精神，加强员工的凝聚力。

3. 派遣员工代表到较强的竞争者的企业参观考察，从中培养员工的市场意识，使企业更易于向市场迈进。

【例29-3】
"让消费者满意"专题活动

1. 策划目标

2012 年，××集团公司在××服装市场上取得了骄人的业绩，××集团公司的衬衫在国内销售额为 8 000 万元，其中省内销售额高达 4 000 万元。2008 年初，××公司把目光投放到邻近的××市场，决定主攻这个市场，以××城市为突破口，以此带动周边中小城市市场，使××衬衫在××市场的销售额突破 2 000 万元。

为此，我们策划了"让消费者满意"系列公关活动。目的是扩大品牌知名度并树立良好品牌形象。

2. 背景分析

通过对××服装市场的调查，我们认为：根据××衬衫的品质、价格及消费对象，应以××市场为主，兼顾周边市场，尤其应以××城市及邻近城市的消费市场为主攻目标。

××衬衫的主要销售对象是 18 岁以上的男子，购买对象则包括中青年妇女。

3. 行动方案

公关活动的目的，除了使目标群体直接受益外，更主要的是争取传媒尽可能广泛地报道，以使更多的人了解企业或品牌。我们选择了 3 月

15日国际消费者权益日，推出"让消费者满意"系列公关活动。

具体内容包括：

（1）公司派技术人员，分别赴××城市四大主要商场，为消费者"量体裁衣"。

（2）公司总经理在××城市最大的百货商场举行坐堂服务，征集消费者对本集团衬衫的意见。

（3）给3月15日出生的城市所有消费者发放"幸运消费者生日礼物"，并赠送幸运卡及本集团衬衫产品质量跟踪卡。

第一项内容的思路是体现对消费者的"个别关怀"；第二项内容是传达公司真切关心消费者权益的心意；第三项内容是为了增加这次活动的趣味性，并给广大消费者带来实惠，激发他们对于品牌的亲近感。

为了使××企业形象和商标品牌在××城市深入人心，本集团还在广告和公关活动中投入了大量资金。具体的广告和公关活动略。

4.效果评估

××集团这一系列构思巧妙、贴近消费者的活动，很快引起当地众多传媒的关注。在××城市几大商场，××衬衫的日销量急剧上升。据统计，3月份××衬衫在××城市的销售额已比上年同期增长四成。

【即学即练】

参照以上几则策划范例，结合自身工作实际，分别撰写一份策划方案，字数根据需要确定。

_____

_____

_____

_____

第三十章

怎样写好商业授权委托书

什么是商业授权委托书

授权委托书是当事人把代理权授予委托代表人的证明文书。它可分为民事诉讼代理的授权委托书和民事代理的授权委托书。商业授权委托书属于民事代理授权委托书，也称"委托合同"，是指委托人与被委托人就委托事务达成的代理协议。从法律角度讲，它是合同的一种形式，也受《合同法》约束。

商业授权委托书具有如下特点。

1. 是非诉讼性的委托代理文书，由被代理人委托代理人在一定权限范围内进行民事法律行为，如委托他人出卖、管理房屋等

2. 它是根据被代理人的授权而成立的文书

被代理人授予的权限有多大，委托代理人就行使多大权限。委托人委托的权限，应当依法进行，不得违反法律、法规的规定。必须出于被代理人的自愿，代理人不得强行要求代理。委托人委托的代理权限应具体明确，不能笼统含糊。

3. 被代理人授权代理之后，应给予代理人授权委托书，作为代理的凭据

商业授权委托书的格式是怎样的

商务授权委托书由以下四个部分构成。

1. 标题

授权委托书的标题，可以直接用"授权委托书"，也可以在其前面加上授权委托的内容，或以副标题的形式将授权委托的内容加在主标题的下面。标题的形式可以按委托方与受托方协商的标题确定。

2. 委托人和受托人（代理人）各自的基本情况

商业授权委托书的委托人和受托人（代理人）各自的基本情况应在授权委托书的标题下面左下方，写明委托人和受托人的姓名（或名称）、国籍、住址（或营业地址）。如果有多个委托人和受托人，应当分别写明，并由各个当事人分别签名或盖章。未经授权的代理人，不得代为签字。如果有关当事人是法人，应当由法人代表或其授权的代理人签字，并加盖公章。如果是个人还应当写明姓名、性别、住址、年龄、民族、籍贯、职业。一般是委托人的基本情况写在前，受托人的基本情况写在后。

3. 所规定的权限内容和范围

商业授权委托书的所规定的权限内容和范围是其主体部分，应根据具体情况表述。如果是一次性有效的委托书，应当规定实施某一特定行为的权限；如果是专门委托书，应当规定在某一时期内实施同一行为的权限（如某企业委托某人出卖产品的委托书）；如果是全权委托书，应当规定实施由于经营财产所产生的各种法律行为的权限（如全权代理处理房产的委托书）。

主要有以下方面：

（1）法律依据。

（2）授权委托事项。

（3）当事人双方的权利及义务。

（4）授权委托的报酬及报酬支付方式。

（5）授权委托合同履行的期限、地点和方式。

（6）违约责任及争议解决。

（7）委托的终止。

4. 结尾

商业授权委托书的结尾应由委托人、受托人分别签名并盖章，注明具文日期（年、月、日）。

商业授权委托书的写作要求

商业授权委托书是一种极为正规的文体，与合同一样，具有法律约束效力。作为撰写商业授权委托书的秘书人员，一定要本着严肃认真的态度，写作前要熟知相关法律条文，写作时要做到一丝不苟，字斟句酌。

1. 要懂法、懂业务

授权委托是一种法律行为，秘书人员一定要对有关法律熟悉，还要对商务业务情况有具体细致的把握。具体确定代理的项目、代理的权限范围、代理人选、代理费等事宜时一定要认真研究，谨慎从事。

2. 行文要简洁、扼要、准确、明了

授权委托书具有证明的作用，表述内容时要简明扼要，将代理权限写清，不能节外生枝，做无关紧要的表述。授权委托代理人代表的是委托人的意愿，与委托人的利益息息相关，在委托代理事项、代理权限范围时，必须极为准确，拟定时要对内容认真推敲，文字要字斟句酌，掌握好用语的分寸。例如：

委托人××市××商业大厦1995年8月13日聘请××市××律师事务所专职律师王××为我厦常年法律顾问，特授权王××律师，今后凡与我厦有关的一切法律事务均由王××一人负责处理。

例文简洁、明了，事项、要素齐全。

【例30-1】

××信息技术有限公司××分公司授权委托书

××信息技术有限公司××分公司（授权人）授权××科技有限公司（被授权人）生产带有××商标的显示器（型号：GA系列），

要求上述型号的产品的下面、后背带有××商标。并要求被授权人以后为××信息技术有限公司供应的显示器，均要带有××商标。

被授权人生产带有××商标铭牌的3C认证标志、编号的显示器未经××信息技术有限公司××分公司书面许可不得提供给任何第三方。被授权人如由于不恰当地使用××商标铭牌的3C认证标志，所引起的法律和其他后果由被授权人负责。

被授权人生产带有××LOGO编号的显示器应保证其质量符合国家有关技术标准并达到许可人的质量要求。

授权人：××信息技术有限公司××分公司

法人代表：（签名及签章）

授权人地址：××市××镇××工业区T6栋四楼

被授权人：××科技有限公司

法人代表：（签名及签章）

被授权人地址：××出口加工区××工业园

被授权时间：20××年×月×日

【即学即练】

参照以上商业授权委托书范例，结合自身工作实际，撰写一份商业授权委托书，字数500字左右。

_____

_____

_____

_____

_____

第三十一章

怎样写好公约

什么是公约

公约是机关团体、人民群众经过集体讨论，在自觉自愿的基础上制订的共同遵守的行为规范。它是为了维护社会秩序，促进安定团结，加强精神文明建设，经民主讨论或协商把共同约定要做或遵守的事项，或不应说也不应做的事项，或必须抵制和反对的事项，分条陈述，作为大家共同遵守的道德规范和行为准则。

公约种类繁多。常见的国内的公约有村民公约、学习公约、服务公约、爱国卫生公约、拥军优属公约、交通规则（实属公约）、护林公约等。

国际公约的种类也比较多。从广义上说，世界上国与国之间所订立的议定书或条约，都可以说是公约。例如，1922 年签订的《九国公约》、1928 年签订的《非战公约》和 1933 年签订的《小协约国组织公约》，就属于这种情况。

国内的公约与国际的公约有所不同。国内各单位所订立的各项公约，内容单一，分项书写，文字简单明了。国际的公约除了这些特点之外，本身还具有很强的政治的和军事的性质，内容和项目也较繁多。

公约的三大主体及其写法

公约的结构形式由标题、正文和落款三个部分构成。

1. 标题

公约的标题要求写明是什么公约。即在第一行中间写明公约的名称,如"学习公约""护林公约""爱国卫生公约""九国公约""非战公约"等。

2. 正文

公约的正文是其主要部分。正文的开头应该概括地写明订立公约的目的和意义。接着在下一段文字中,把大家讨论通过的重要内容,分条写出来。国际上的公约正文开头,除了写明订立公约的目的外,还要在目的之前,写上订立公约的国名。在目的之后,写上各国参加缔结公约的代表名字。然后再把公约的内容分条写出来。

也有的公约正文一开始就分条来写。在第一条中写明订立公约的国家名称和立约的目的。在第二条中才写入对订立公约各方的要求。

国内单位和群众团体公约,在结尾部分,要写明对违约单位和人员视情节轻重,给予适当处理的意见。

在国际公约的结尾,则要写清本公约用几国文字写成,同时还要在最后一行写上某年某月某日,订于某地。

3. 落款

国内单位和群众团体公约,落款处要写清单位名称和年、月、日。有的村民公约,在标题中写有村名和队名,在落款处就不必再写单位名称。国际公约则要在落款处写上各国代表名字并要盖章。有些国际公约条文之后,在落款处还特别注明带有附件。

公约写作注意事项

秘书人员在拟写公约时,需要注意以下几点要求。

1. 公约的形成一定要根据大家的意见写成草稿,提交集体讨论,最后经过适当的形式通过，才能公布生效。

2.公约条款的排列要先写主要条文，后写次要条文，先提正面要求，再写反对意见。条与条之间既要相对独立，又要相互依存，形成有机的整体，便于记忆、执行和检查。

3.公约语言要准确明晰，简明扼要，通俗易懂，要避免模棱两可、艰涩冗长的语句和不必要的专业术语。

国内各单位所制订的公约，内容上都是比较单一的，每份文件，只写一事。很少有一文二事或二事以上的文书。这种公约，比起一些条文简单的国际公约更为简化。例如，村民公约、学习公约、服务公约、交通规则等，均属此类。这些公约在写作上，无论是全文还是条款，都比较简短。长者五六百字，短者一二百字，一看即了，清清楚楚。易于阅读，便于执行。一些贴在公共场所的小公约，或叫规则，更加简短，三言两语，解决问题。

【例31-1】

×× 自治乡护林公约

近年来，由于山林制度不严，管理不善，一些村民和少数不法之徒，进入山区乱砍滥伐，捕杀珍禽异兽，致使林木受到破坏，珍禽异兽减少，水土流失，河道干涸，灌溉无望，严重影响了全乡的农业生产。为了保护山林，保护野生动物，搞好水土保持工作，发展本乡建设，特制订如下护林公约：

一、除了乡、县政府林业单位派运木材外，其余车辆，一律不得进入林区。

二、林业大队所砍木材，必须在政府指定地点，其余林区，尤其近河近水山林，一律不准砍伐。

三、国家干部、林业工人，不得以任何借口，私自砍伐林木。

四、干部、工人和农民，需要制作家具，可到林业大队或林厂购买木材，不得私自上山乱砍滥伐。

五、林区一切珍禽异兽，必须受到保护，尤其是每年3月从日本飞

来之雪鸟，更要珍惜。瑶族人民原有之捕鸟腌醋习惯，应予保持。但是，在林区捕鸟，必须在政府指定地点。

　　以上公约，全体干部、工人和农民，务必遵照执行，一律不得例外。如有违反，轻者批评罚款，重者追究法律责任。

×× 自治乡政府

2012 年 × 月 × 日

【即学即练】

参照以上公约范例，结合自身工作实际，撰写一份公约，字数500字左右。

_____

_____

_____

_____

_____

_____

第三十二章

怎样写好守则

什么是守则

守则是党政机关、社会团体、企事业单位为要求所属成员共同遵守道德规范和行为准则而制定的一种约束性公文。

守则是为了达到特定目的、完成某项任务、维护大家利益，根据实际需要，有针对性地拟定的条文，作为群众自我教育、正面引导大家共同遵守的行为准则。

守则在各行各业的事务管理中使用范围很广泛，按照单位和制作人的不同，守则可分为行政部门守则、教育部门守则、工矿企业守则和某些生产工艺操作守则。守则对其成员的思想、工作、学习、生产、生活都起着一定的保证、督促作用。

守则的三大部分及其写法

守则有其固定的结构，一般由标题、正文和签署三部分构成。

1. 标题

守则的标题一般是由适用对象和文种构成，如《高等学校学生守则》等。

2. 正文

守则正文的制定根据实际情况或繁或简。比较繁杂的守则一般分为总则、分则和附则。

总则是关于制定守则的指导思想、目的、意义等项内容，要求文字表达清晰，高度概括；分则是规范项目，它是守则的主体，是要求遵守的依据，行文要条目清晰，逻辑严密，表述确切；附则是关于执行要求的说明，文字要简洁凝练。较简的守则，没有总则和附则，全文由分则内容组成，如《全国职工守则》等表述周密，逻辑性强。

守则正文的表达形式主要有两种：一种是通篇条文式，全文或按照顺序列条设款，或按序号依次写明；另一种是序言加条文式，即用序言来说明总则内容，然后用条文说明分则、附则内容。

3. 签署

守则的签署可根据实际情况的不同而灵活运用。有的守则将制定机关或发布机关，以及年、月、日放在文尾。有的高级领导机关制定的守则，在标题下面用括号注明会议通过时间或发布的日期。

【例32-1】

××省高等教育自学考试监考守则

一、监考人员应充分认识自学考试属于国家学历考试的严肃性，要认真做好监考工作，考前必须参加培训，认真学习自学考试有关政策规定，熟悉监考业务，不经培训不准监考。

二、监考人员必须佩戴标志，严格遵守考点作息制度，不迟到，不早退，不擅离职守。

三、监考人员要认真组织好学生入场。考前要对考生进行思想教育，向学生宣读有关规定和注意事项，教育考生自觉遵守各项规定和纪律。

四、监考人员分发试卷前，要认真检查考试科目、时间、专业是否相符，如不相符或有其他异常情况，须立即向考点负责人报告，采取相应措施，并及时上报。

五、监考人员对试题内容不宣读，不做任何解释，但考生对试题印刷不清或文字模糊之处提出询问时，应予当众答复。如试题有"更正"，应及时板书当众公布。

六、监考人员要认真做好考场监督、检查工作，严格执行《考场规则》，要仔细检查考生证件，以防假冒。发现考生违犯规则或有舞弊行为时，应立即制止，将情况如实地记入"考场记录"，并没收夹带等证据材料，附在"考场记录"之后，记入"考场记录"的内容要详细、准确、清楚，对作弊情节严重者，须报告考点负责人及时做出处理。

七、监考人员要维持好考场秩序，要认真做好考场统计和记录工作。考试时间，除省派"国家考试巡视""考试检查""主考"人员可进入本考场巡视检查外，监考人员有权制止其他任何人员进入本考场。考试结束后，要按考号顺序依次收齐试卷和草稿纸，并严格按照规定对试卷进行检查，装订和密封。

八、监考人员要关心、爱护考生，但考试时不得和考生交谈，对有病不能坚持考试的考生，应劝其停考，并通知场外工作人员陪同治疗。

九、监考人员要严格遵守考场纪律，在考场内不许抄题、做题，不准吸烟、谈笑、阅读书报，不准将试题传出考场，不准做任何其他妨碍考试正常进行的活动。

十、监考人员不准监守自盗，不准袒护、支持、协同考生作弊或以其他任何形式营私舞弊，违反者要按党纪国法及有关规定惩处。

【即学即练】

参照以上守则范例，结合自身工作实际，撰写一份守则，字数700字左右。

_____

_____

_____

第三十三章

怎样写好协议书

什么是协议书

协议书是契约文书的一种。它是有关国家、政党、企事业单位、群众团体或个人，共同协商订立的一种文书。一般说来，协议书多用于企事业单位订立经济、文教、卫生、技术协作关系方面，也有用于国与国之间的政治、军事、经济、文化、技术协作关系和外交关系方面的。

订立协议书，其目的是为了更好地从制度上以至法律上，把双方协议所承担的责任固定下来。

特别值得一提的是，订立协议书，在建设具有中国特色的社会主义时期，有其更为重大的意义。它将使国内各地区、各单位之间，我国和世界各发达国家、友好国家之间，更好地进行横向联系，加强相互间在政治、经济、文化、教育、科技、卫生诸方面的协作关系，从而促使我国经济更快地发展。

协议书的种类主要有协议书和协议文书两种。前者用于国内政治、经济、文教、卫生、科学技术等方面；后者则多用于国际关系方面，也有些用于国内各单位和群众团体。

协议文书，一般来说，是指外交协议文书。包括条约、协定、议定书、换文、宣言等。

协议书的三大部分及其写法

协议书的结构形式由标题、正文、落款三个部分构成。

1. 标题

协议书的标题写在协议书的上方，它是表示协议双方单位名称、协议内容和双方之间关系，以及文书类型的部分。例如《图书出版协议书》标题中的"图书出版"四个字，表示协议双方的协作内容，"协议书"三字则表明了文书的类型。《关于百花服装有限公司合同书、章程及其附件的有关条款修订协议书》这个标题，也是由两大部分构成：第一部分是"关于……有关条款修订"，这一部分表明了事情的缘由和内容；第二部分是"协议书"三个字，它表明了文书的类型。

一些国际条约、协定、换文、宣言等文书，其内容也大致如此。

2. 正文

协议书的正文是其主要部分。它要把协议书的主要内容写出来。一般来说，这种文书的正文，都要以条款的形式一项一项地列出来，国际上也有些换文和宣言不列条文，一般只需写清内容即可。

3. 落款

协议书的落款要写清双方国名、单位名称和代表姓名，然后盖章，并写上年月日。

协议书写作注意事项

协议书是一种较为特殊的公文，秘书人员在撰写时需要把握以下几点。

1. 起草文件的秘书人员，必须具备很高的思想水平，必须站在正确的立场上，高瞻远瞩，深思熟虑，精心写作。

2. 必须严格按照协议书的结构来写。

3. 单位与单位之间订立经济贸易协议书的开头，必须写清订立协议书的单位名称和目的；中外合资的单位，在订立协议书时，还应按章分条来写，即每个章节之下，分别写成若干条目。比如中日合资企业的协议书中就明确写清了总则、合资当事者、成立合资企业、生产经营目的、范围和规模、投资总额及登记资本等若干个章节。每个章节中，又分别开列了一些小项目。

4. 体现国际关系的协议文书中的标题，还应在文类字样之前，写上国名和事由。

5. 在"联合宣言"的开头，必须写明是哪些国家的宣言，然后在下段写上"本宣言签字国政府"的字样，接着另起一行，在下段写清宣言各国对宣言的态度和目的。这种分段方法与其他文件是有所不同的。

6. 文辞要简约得当。协议书的内容是相当广泛的，无论国内还是国外，都牵涉到各个单位、各个领域。既有政治的，也有经济的；既有文教卫生方面的，也有科学技术方面的。既然协议书的内容相当宽泛，那么，在写作各条条文时，文字上就要高度精练，千万不可啰唆冗长。写作者必须简明扼要地写清条文内容，使人读来一目了然，便于记忆和执行。否则，就会使协议书成为"懒婆娘的裹脚布又臭又长"。

上述要求，秘书必须在写作过程中予以注意，否则，就写不好这样的文体。

【例33-1】

×× 有限公司协议书

第一章　总则

中国 ×× 针织厂（以下简称甲方），×× 省 ×× 公司（简称乙方）和日本东洋 ×× 株式会社（简称丙方），根据《中华人民共和国中外合资经营企业法》及中国其他有关法规，本着平等互利的原则，经过友好协商，就共同投资举办合资经营企业，产、销售针织绒线事宜，特签订本协议书。

第二章　合营各方

第一条　×× 针织厂（甲方），地址：×× 市 ×× 路中段；法定代表人：厂长 ×××，中国籍。

×× 省金融联合投资公司（乙方），地址，×× 市 ×× 路 ×× 号；

法定代表人：董事长×××，中国籍。

日本东洋××株式会社（丙方），地址：日本××市××区××号；法定代表人：董事长×××，日籍华人。

第三章　成立合资经营公司

第二条　甲乙丙各方根据《中华人民共和国中外合资经营企业法》和中国的其他有关法规，同意在中国××市建立合资经营企业。

第三条　合营企业的名称为"××有限公司"（以下简称合营公司）。

合营公司的法定地址：××市××路中段××针织厂。

第四条　合营公司的一切活动，须遵守中华人民共和国的法律法令和有关条例规定。

第五条　合营公司的组织形式为有限责任公司，合营公司各方以各自认缴的出资额对合营公司的债务承担责任，各方按其出资额在出资总额中所占的比例分享利润和分担风险及亏损。

第四章　经营目的、范围和规模

第六条　合营各方合资经营的目的是为促进××地区纺织工业的经济发展、技术进步和为"四化"建设服务，引进先进的羊毛混纺纱工艺设备和技术，运用科学管理方法，开发新品种，填补纺织品出口的缺门和短线，大力开拓本公司产品的国际市场，提高经济效益，达到各方互利的目的。

第七条　合营公司的生产经营范围是经营本公司生产的毛纱、羊毛衫等纺织产品，毛纺产品主要面向国际市场。购买本公司生产所需的纺织原料、纺织设备、综合材料和专用器材、仪器。建立养兔基地，开发优良兔种、兔毛。

第八条　合营公司的生产规模。

1.合营公司投产后的生产能力为年产中、高档针织绒线300吨。

2.随着生产经营的发展，在扩大国外销售的比例基础上生产规模及产品品种将逐步扩大。

第五章　投资总额及注册资本

第九条　合营企业的投资总额为人民币1 054.84万元，其中外汇43 196万日元，投资总额中按照本协议书规定的生产规模需要投入的技术改造资金 957.82 万元，其中外汇 39 223 万日元。生产所需流动资金 97.62 万元，其中外汇 3 973 万日元。

合营各方认缴的出资额总计为 527.42 万元（占投资总额 50%），其中外汇 21 598 万日元，作为合营公司的注册资本。

甲方占 50%，乙方占 10%，丙方占 40%。

第十条　出资方式。各方将以下列形式出资：

甲方：50%　263.71 万元

其中，土地 196.2 万元（见附件 1）

实物折价 67.51 万元（见附件 2）

乙方：10%　4 320 万日元

（折合人民币 52.75 万元）

丙方：40%　17 278 万日元

（折合人民币 210.96 万元）

（以上均以人民币金额为准，外汇折算办法以用汇之日的当日牌价为准，外汇用汇货币为日元）

第十一条　合营各方的出资额在合营企业试产（2012××年×月×日）前分批交清。

具体出资日期：

甲方出资的厂房及其他生产设施，在本公司营业执照签发之日起属公司所有，土地归公司使用。

乙、丙两方在本协议书生效之日后 60 日内，向公司缴付出资额 2% 作为公司筹备处开办费。协议书批准后，即订购进口设备，进口设备的定金由乙方和丙方以日元现金支付。

乙方出资的外汇现金 4 320 万日元和丙方出资的外汇现金 17 278 万日元，于 19××年×月×日前交清。

投资总额中其余部分资金（占投资总额 50%）由公司统一贷款解决。

任何一方如逾期未交付其出资，按本协议书第十九章第四十五条规定，向另一方缴付违约金，并应赔偿由此而使合营企业遭受的损失。

第十二条　非董事会会议一致通过，任何一方不得向合营他方或第三者转让或以其他方式处置其全部或部分出资。

　　合营一方转让其部分或全部出资额时，须经原审批机构批准。合营他方拥有先买权。

　　（以下各章略）

第六章　合营各方的责任

第七章　公司的筹建

第八章　设备、原料的购买

第九章　产品销售

第十章　董事会

第十一章　经营管理机构

第十二章　劳动管理

第十三章　税务、财务、审计

第十四章　不可抗力

第十五章　合营期限

第十六章　合营期满财产处理

第十七章　保险

第十八章　协议书修改、更变与解除

第十九章　违约的责任

第二十章　适用法律

第二十一章　争议的解决

第二十二章　文字

第二十三章　协议书生效

甲方：中国××针织厂

代表：×××

乙方：××省××公司

代表：×××

丙方：日本东洋××株式会社

代表：×××

××××年××月×日

【即学即练】

参照以上协议书范例，结合自身工作实际，撰写一份协议书，字数 1 000
字左右。

_____

_____

_____

_____

_____

_____

_____

_____

_____

_____

第三十四章

怎样写好倡议书

什么是倡议书

倡议书由某一组织或社团拟定、就某事向社会提出建议或提议社会成员共同去做某事的书面文章，是为倡议、发起某项活动而写的号召性的公开提议性的专用书信。倡议书作为日常应用写作中的一种常用文体，在现实社会中有着较广泛的使用。

倡议书具有如下的特征。

1. 广泛的群众性

倡议书不是对某个人或某一小集体而发的，它的受众往往是广大群众，或是部门的所有人，或是一个地区的所有人，甚至是全国人民。所以，其对象十分广泛。广泛的群众性是倡议书的根本特征。

2. 响应者的不确定性

倡议书的对象范围往往是不确定的，即便是在文中明确了倡议的具体对象，但实际上，有关人员可以表示响应，也可以不表示响应，它本身不具有很强的约束力。即便是与此无关的别的群众团体，也可以有所响应。

3. 倡议书的公开性

倡议书就是一种广而告之的书信。它是要让广大的人民群众知道了解，从而激起更多的人响应，以期在最大的范围内引起共鸣。

倡议书的格式及写作要点

倡议书一般由标题、称呼、正文、结尾、落款五部分构成。

1. 标题

倡议书标题一般由文种名单独构成，即在第一行正中用较大的字体写"倡议书"三个字。另外，标题还可以由倡议内容和文种名共同构成。如"把遗体交给医学界利用的倡议书"。

2. 称呼

倡议书的称呼一般顶格写在第二行开头。

倡议书的称呼可依据倡议的对象而选用适当的称呼。如"广大的青少年朋友们："""广大的妇女同胞们："等。有的倡议书也可不用称呼，而在正文中指出。

3. 正文

倡议书的正文一般在第三行空两格写。

倡议书的内容需包括以下一些方面：

（1）写明倡议书的背景原因和目的。倡议书的发出贵在引起广泛的响应，只有交代清楚倡议活动的原因，以及当时的各种背景事实，并申明发布倡议的目的，人们才会理解和信服，才会自觉地行动。这些因素交代不清就会使人觉得莫名其妙，难以响应。

（2）写明倡议的具体内容和要求。这是正文的重点部分。倡议的内容一定要具体化。开展怎样的活动，都做哪些事情，具体要求是什么，它的价值和意义都有哪些均需一一写明。倡议的具体内容一般是分条开列的，这样写往往清晰明确，一目了然。

4. 结尾

倡议书的结尾要表示倡议者的决心和希望或者写出某种建议。倡议书一般不在结尾写表示敬意或祝愿的话。

5. 落款

倡议书的落款即在右下方写明倡议者单位、集体或个人的名称或姓名，署上发倡议的日期。

另外，倡议书在写法上还有些特殊要求，秘书人员在写作时要注意以下几点：

（1）在正文部分要写清发倡议的根据，原因和目的，否则响应者无所适从，会造成盲目的行动。

（2）在结尾要写上倡议者的希望和建议，最后是署名和日期。

【例34-1】
第二届世界互联网大会——乌镇峰会倡议书

互联网作为人类文明进步的重要成果，已成为驱动创新、促进经济社会发展、惠及全人类的重要力量。互联网将世界变成了"地球村"，使国际社会日益形成相互依赖的命运共同体。同时，互联网的迅速发展也给国家主权、安全和可持续发展带来了新的挑战。积极稳妥地应对这些挑战，是国际社会共同的责任。从信息社会世界峰会2003年日内瓦原则宣言、2005年突尼斯议程，到蒙得维的亚声明以及联合国信息安全政府专家组报告，国际社会对互联网发展和治理的共识不断扩大、合作不断加深。我们对联合国大会关于信息社会世界峰会10年审议的高级别会议成果表示祝贺，期待国际社会在联合国宪章以及公认的国际准则和原则基础之上进一步深化互联网领域的合作。

2015年12月16日至18日，来自全球120多个国家（地区）和20多个国际组织的2000多位代表，共聚第二届"世界互联网大会——乌镇峰会"，中国国家主席习近平以及来自政府、企业、学界、民间团体、技术社群和国际组织的领导人与高级别代表出席此次大会。在大会"互联互通·共享共治——构建网络空间命运共同体"主题下，与会代表围绕互联网建设、发展和治理等问题展开讨论。

经高级别专家咨询委员会讨论，大会组委会提出《乌镇倡议》。倡议全文如下：

一、加快网络发展普及。

加速互联网基础设施建设，鼓励互联网技术和应用创新交流，推进云计算、大数据、物联网等领域的研发，弥合数字鸿沟，促进互联互通，确保互联网技术能在各国尤其是发展中国家和欠发达地区得到更广泛应用。

二、促进网络文化交流。

鼓励以数字化形式保护、传承、弘扬人类优秀文化成果，加强网络空间文化交流，促进人类文化的多样性和繁荣发展，将网络空间建设成为人类共同的精神家园。

三、共享网络发展成果。

大力发展数字经济，促进互联网与各产业深度融合，保障网络空间数据流动的自由和有序，早日形成联通全球的网络市场，创造更多就业机会，促进联合国《2030年可持续发展议程》目标实现，为全球经济持续健康发展提供有力支撑，让更多国家和人民搭乘信息时代的快车。

四、维护网络和平安全

尊重网络空间国家主权，保护网络空间及关键信息基础设施免受威胁、干扰、攻击和破坏，保护个人隐私和知识产权，共同打击网络犯罪和恐怖活动。

五、推动网络国际治理

国际社会应真诚合作、相向而行、同舟共济、互信互利，共同推动网络空间国际规则制定，尊重人类基本网络权利，维护网络空间秩序，共同构建和平、安全、开放、合作的网络空间，建立多边、民主、透明的全球互联网治理体系，支持政府、企业、民间组织、技术社群、学术界、国际组织和其他利益相关方根据各自的角色和职责发挥更大作用，打造网络空间命运共同体。

人类因互联网而更紧密，世界因互联网而更精彩。国际社会和各利益相关方应秉承合作共赢的理念，共同推动互联网的发展、治理和繁荣，使网络空间成为人类生存发展的新天地，让互联网发展成就更好地造福全人类。

世界的未来属于青少年，网络的发展塑造青少年。我们应高度重视广大青少年的网络需求，加强对未成年人的网络保护，使互联网真正成为文明之网、绿色之网、健康之网，共同创造世界的美好未来！

　　　　倡议人：第二届世界互联大会——乌镇峰会组委会

　　　　　　　　　　　　　　　　2015 年 12 月 18 日

【即学即练】

　　参照以上倡议书范例，结合自身工作实际，撰写一份倡议书，字数 200 字左右。

_____

_____

_____

_____

_____

_____

第三十五章

怎样写好祝词

什么是祝词

祝词也称"祝辞"，是对各种喜庆活动、重大节日、重要会议（宴会）、重要纪念日等表示祝愿的礼仪文书。

礼仪之邦的中国，人们最讲究"礼尚往来"。相互往来中，从婚嫁乔迁，到升学参军；从建筑落成，到典礼仪式……亲朋好友，邻里同事，总喜欢前往祝贺一番。敲一通惊天动地的锣鼓，放一挂震耳欲聋的鞭炮，送一联喜庆祝贺的对子，说一番热闹得体的话语，这一切自古至今形成了源远流长丰富多彩的庆典文化。

别小看一句暖心的话语，别小看一个祝贺的手势，它可以看出生活在社会上，人们多么需要理解、同情、友好与帮助，它可以让人们体会到爱心与真情，它可以让人们得到一种温暖祥和的氛围与环境。因此，祝贺是人际交往中很有意义的礼仪之一，而祝词也就成了一种常用的应用文。

根据不同的祝颂对象，祝词大体上分寿诞祝词、事业祝词、祝酒词三种。

从表达形式上祝词可分即席致辞祝贺和信函电传祝贺两类。

祝词的格式及写作要点

领导会经常碰到开会致祝词的情况，由于领导有公务较繁忙，自己撰写祝词的空余时间不多，这时就需要秘书来代劳。作为秘书人员，平时就多了解祝词的相关常识，为正式写作时打下基础。

祝词通常由标题、称呼、正文和落款四个部分构成。

1. 标题

祝词的标题一般由两种方式构成。一种是由致辞者、致辞场合和文种共同构成，如《×××经理在欢迎外宾宴会上的讲话》。另一种是由致辞对象和致辞内容共同构成，如《在×××先生和×××小姐婚礼上的祝词》。

2. 称呼

祝词的称呼写在开头顶格处，写明祝词或贺词对象的姓名。一般要在姓名后面加上称呼，甚至有关的职务头衔，以求敬重。如"尊敬的史密斯博士"。

3. 正文

祝词的正文一般由三项内容构成：一是向受辞方致意要说明自己代表何人或何种组织向受辞方及其何项事业祝福贺喜；二是概括评价受辞方已取得的成就，即说明祝贺的原因和意义；三是展望未来美好前景，再次向受辞方表示祝愿或提出希望。

4. 落款

祝词的落款处应当署上致辞单位名称，或致辞人姓名，最后还要署上成文日期。

秘书人员在撰写祝词时，还要把握以下两点写作要求：

（1）要感情充沛、语言友善。语言要求充满热情、喜悦、鼓励、希望、褒扬之意，以便使对方感到温暖和愉快，受到激励与鼓舞。祝词不应使用辩论、谴责、批评等词句和语气，以免扫兴。

（2）要表达中肯、赞美适度。颂扬与祝贺要恰如其分，过分的赞美之词会让对方感到不安，也使自己尴尬。

【例35-1】

丘吉尔对将士的祝词

各位为自由而奋斗的劳动者和将士：

我的朋友、伟大而卓越的罗斯福总统，刚才已经发表过圣诞前夕的演说，已经向全美国的家庭致友爱的献词。我现在能追随骥尾讲几句话，内心感到无限的荣幸。

我今天虽然远离家庭和祖国，在这里过节，但我一点也没有异乡的感觉。我不知道，这是由于本人的母系血统和你们相同，抑或是由于本人多年来在此地所得的友谊，抑或是由于这两个文字相同、信仰相同、理想相同的国家，在共同奋斗中所产生出来的同志感情，抑或是由于上述三种关系的综合。总之我在美国的政治中心地——华盛顿过节，完全不感到自己是一个异乡之客。我和各位之间，本来就有手足之情，再加上各位欢迎的盛意，我觉得很应该和各位共坐炉边，同享这圣诞之乐。

但今年的圣诞前夕，却是一个奇异的圣诞前夕。因为整个世界都卷入一种生死搏斗之中，使用着科学所能设计的恐怖武器来互相屠杀。假若我们不是深信自己对于别国领土财富没有贪图的恶念，没有攫取物资的野心，没有卑鄙的念头，那么我们今年的圣诞节，一定很难过。

战争的狂潮虽然在各地奔腾，使人们心惊胆跳，但在今天，每一个家庭都在宁静的、肃穆的气氛里过节。今天晚上，我们可以暂时把恐惧和忧虑抛开、忘记，而为那些可爱的孩子们布置一个快乐的晚会。全世界说英语的家庭，今晚都应该变成光明的、和平的小天地，使孩子们尽量享受这个良宵，使他们因为得到父母的礼物而高兴，同时使我们自己也能享受这种无牵无挂的乐趣，然后我们担起明年艰苦的任务，以各种的代价，使我们孩子所应继承的产业，不致被人剥夺；使他们在文明世界中所应有的自由生活，不致被人破坏。因此，在上帝庇佑之下，我谨祝各位圣诞快乐。

［英］温斯顿·丘吉尔

【即学即练】

参照以上祝词范例，结合自身工作实际，撰写一份祝词，字数700字左右。

_____

_____

_____

_____

_____

_____

第三十六章

怎样写好悼词

什么是悼词

悼词是对死者表示哀悼的话或文章。它有广义和狭义之分，广义的悼词是指向死者表示哀悼、缅怀与敬意的一切形式的悼念性文章，狭义的悼词专指在追悼大会上对死者的表示敬意与哀思的宣读式的专用哀悼文体。我们通常所说的就是这一类悼词。

悼词的特征如下。

1. 总结死者生平业绩并充分肯定其社会意义和社会价值

悼词是从哀悼的角度来总结死者的生平事迹，它的字里行间饱含深情，言简意赅。

2. 化悲痛为力量的积极的基调和内容

现代悼词已经排除了感伤、悲观、虚无的消极内容。它回首死者的往事，是为了面向现在，展望未来。因此，现代的悼词，除了要感情深切沉痛之外，还需一字一句都充满力量，激奋人心。

3. 多种多样的表现手法

现代的悼词，按表现手法的不同，可分为三大类：记叙式、议论式和抒情式。

按照不同的分类标准，悼词可以分为不同的种类。

1.宣读式悼词和书面式悼词

按照悼词的用途来划分，可以把悼词分为宣读式悼词和书面式悼词两类。前者在追悼会上宣读，用途十分广泛，也是我们通常使用的一种悼词。后者一般发表在新闻媒体上，用于向社会公众表达对死者的哀思。

2.记叙式悼词、抒情式悼词和议论式悼词

按照悼词的表现形式，悼词可分为记叙式、抒情式和议论式三类。记叙式悼词是最为常见的一种悼词，侧重于叙述和追忆死者的生平事迹。抒情式悼词重在抒发对死者的无限哀思、怀念之情。议论式悼词则主要是对死者的生平事迹和贡献、品格等进行分析和肯定。

悼词的格式及写作要点

悼词的写作格式相对固定，因为其基本内容都是追述死者生平业绩，对死者做出总结和评价，勉励生者化悲痛为力量。不过，作为一种哀悼死者的专用文体，具体内容因人而异。

从结构上讲，悼词一般由标题、正文和结尾三部分构成。

1.标题

悼词的标题比较凝重，形式灵活多样，致辞人可根据具体需要选择恰当的标题形式。如杨牧的《写在艾芜前辈的灵前》、朱自清的《哀韦杰三君》等。

2.正文

悼词的正文一般由三个部分组成：第一部分为开头部分，首先渲染出沉痛的气氛，接着介绍死者的姓名、职务、身份、逝世的原因、时间、地点、享年；第二部分简要写出死者的一生经历，生前主要业绩和优秀品质，即对人民、对社会做出的贡献，以及对死者的评价；第三部分说明死者的去世给社会带来的损失，表明化悲痛为力量的决心，同时激励生者，号召人们用实际行动来纪念死者。

3.结尾

悼词的结尾再次表示对死者的沉痛悼念，多用"某某同志永垂不朽""某某同志永远活在我们心中""某某同志永在"等语句，一般人悼词结尾可用"某某安息吧""某某一路走好"等。结束语在正文之后另起一行空两格书写。

写作悼词时，还要把握以下几点要求：

（1）明确写悼词的目的是介绍死者的生平事迹，歌颂死者生前在革命和建设中的功绩，让人们从中学习死者好的思想作风，继承死者的遗志。这种歌颂是严肃的，不夸大、不粉饰，要根据事实，做出恰当的评价。

（2）要化悲痛为力量。有的死者生前为党为人民做了很多好事，他们的美德会时时触动人们的心灵，所以有的人去世时，有的人会痛哭流涕。

（3）语言要简朴、严肃、概括性强。

【例36-1】

今天，我们怀着十分沉痛的心情，悼念我们的好经理胡××同志。

胡××同志系中国共产党党员，××公司经理，因病多方治疗无效，于××××年4月6日下午8时30分在××县人民医院不幸逝世，终年54岁。

胡××同志1951年5月参加革命，1952年7月参加中国共产党，历任百货公司营业员、采购员、会计、财务股副股长、经理等职。在长期的工作中，他大公无私，热爱集体，工作积极，勤勤恳恳，认真负责，任劳任怨，作风平易近人，谦虚谨慎，是党的好干部。他三十多年如一日地忠于党和人民的事业，为党的财贸事业做了大量的工作，做出了一定的贡献。

现在，胡××同志与世长辞了，使我们党失去了一个好党员，使我们财贸战线失去了一个好干部，我们感到无限悲痛！

我们沉痛地悼念胡××同志，我们要化悲痛为力量，学习他勇往直前的革命精神和大公无私的高贵品质，在党的领导下，为建设我们伟大的祖国，为实现四个现代化而努力奋斗！

胡××同志安息吧！

【即学即练】

参照以上悼词范例，撰写一份悼词，字数 500 字左右。

_____

_____

_____

_____

_____

_____

第 三 十 七 章

怎样写好唁电

什么是唁电

唁电是向丧家（死者家属、单位或国家）表示吊唁的电报。它既可以表示对死者的悼念，又可以向丧家表示问候和安慰。重要人物的唁电除直接发给丧家外，还要登报、广播或在电视中播放。

通常唁电可分为以下种类。

1．单位团体之间拍发的唁电

单位团体之间拍发的唁电所悼念的逝者多是原机关单位或群众团体的主要的领导人或在某方面有建树，为社会做出了巨大贡献的杰出人物、英雄、模范、艺术家、科技工作者，还有其他方面知名人士等。这类情况往往因为发电方同逝世者不在一地，来不及前往悼念，故而以唁电形式表示哀悼和慰问。

2．以个人名义向丧家拍发的唁电

以个人名义向丧家拍发的唁电的发者同逝者生前往往是志同道合的朋友，有过密切交往或深受其教诲、关怀、帮助。在惊闻噩耗后，以唁电表示悼念之情。

3．国与国之间拍发的唁电

国与国之间拍发的唁电一般发给对方的国家政府机关或其他相应的重要国家政府机关。逝者一般为重要的国家领导人或为两国之间的和睦关系、经济发展做出过巨大贡献的重要人物。这样，一方发去唁电以表示对逝者方的哀悼。

唁电的格式及写作要点

无论是哪种类型的唁电，一般都由四部分构成。

1. 标题

唁电标题的构成有以下两种形式：

（1）标题由文种名构成，如直接在第一行正中书写"唁电"二字。

（2）标题由逝者亲属姓名或单位名称和文种名共同构成，如"致×××的唁电"。

2. 称呼

唁电的称呼顶格书写逝者单位或国家的名称或逝者家属的姓名。收唁电者是家属的，一般应在姓名后边加"同志""先生""女士""夫人"等相应称呼，称呼后面加冒号。

3. 正文

唁电的正文要另起一行，空两格书写。正文通常由以下几项内容构成：

（1）用两三句话直接抒写得知噩耗以后的悲恸心情。

（2）以沉痛的心情，简单追述和赞颂双方在交往中逝者生前所表现的优秀品德及功绩，激起人们的缅怀和思念。

（3）表达致哀单位或个人继承逝者遗志的决心，或表达要在逝者优秀品德或精神的感召下奋勇前进等。

（4）向逝者家属表示亲切的问候和安慰。

4. 结尾和落款

唁电的结尾，一般写上"肃此电达""特电慰问"等字样。唁电的落款写在右下方，要写明拍发唁电的单位名称或个人姓名，然后在此下面署上发电时间。

唁电有一些常用的词句，列举如下：

惊悉×××同志仙逝，曷胜悲悼，望祈家属节哀。

良友云逝，伤感自多，尚望珍重。

令郎玉折，深为惋悼，兄达人知命，尚祈不作无益之悲。

惊承讣告，悲悼不已，专电致唁，并慰哀衷。

接长逝之耗，凡在相好，无不同深惋惜。

【例 37-1】

××女士：

　　我是今天下午才得到这个最坏的消息的！无限的难过汹涌在我心头，尤其一想到几十万的青年骤然失去了最受崇敬的导师，觉得非常伤心。我两次到上海，均万分想同他见一次，但因环境的不许可，只能让我悬想他的病躯，和他扶病力作的不屈的精神！现在却传来如此的噩耗，我简直不能述说我的无救的缺憾了！……这哀恸真是属于我们大众的，我们只有拼命努力来纪念这世界上一颗陨落的巨星，是中国最光荣的一颗巨星！

×××

××××年十月二十日

【即学即练】

参照以上唁电范例，撰写一份唁电，字数 500 字左右。

_____

_____

_____

_____

_____

_____

_____

第三十八章

怎样写好贺信

什么是贺信

贺信是表示祝贺的书信的总称。贺信的用途非常广泛，当单位、团体或个人有喜庆之事，诸如召开会议、举行庆典仪式、取得重大成就、结婚生子、祝寿升迁等，都可以用贺信的形式表示祝贺。

贺信已经成为单位、团体或个人之间加强联系和沟通的一种重要渠道。它既能为会议、仪式等重大事件增添喜庆的氛围，又能给被祝贺者以鼓舞。

贺信可分为如下几类。

1.上级单位对下级单位的贺信

上级单位对下级单位的贺信有的是对所取得的成绩表示祝贺，有的是节日的祝贺，同时上级单位对下级单位还可以提出希望和要求。

2.同级单位之间的贺信

同级单位之间的贺信除了表示祝贺外，还要表示出要向对方学习，双方加强合作与沟通，以求共同进步的愿望。

3.下级单位对上级单位的贺信

下级单位对上级单位的贺信除了对上级单位表示祝贺外，还要表示下级单位对贯彻上级单位指示，完成上级单位下达的任务的决心和行动。

4.单位对个人、个人对个人的贺信

单位对个人、个人对个人的贺信在日常生活中的使用频率最高，可以对个人在工作、生活等各方面的喜庆之事，表示礼节性的祝愿庆贺。

贺信的格式及写作要点

贺信也是秘书工作中经常要撰写的一种文体。贺信通常有固定的写作格式，要写好贺信，了解贺信的结构格式是必不可少的。

1.标题

贺信的标题是在第一行居中位置书写。常见的标题形式有以下几种：

（1）标题由文种名构成，如在第一行正中书写"贺信"二字。

（2）标题由被祝贺者和文种名构成，如"祝×××的贺信"。

（3）标题由祝贺者、被祝贺事由和文种名构成，如"对……的贺信"。

2.称呼

贺信的称呼，顶格写明被祝贺单位或个人的名称或姓名。如果是写给个人的，要在姓名后加上相应的礼仪名称，如"同志""先生""女士"等，称呼之后要用冒号。

3.正文

贺信的正文包括以下几项内容：

（1）点明写贺信的事由和背景。首先要写明当时的形势状况，简述被祝贺单位或个人取得成绩的背景，如某个会议隆重召开、某项活动圆满结束、某位人物迎来寿辰等。然后用"向你们表示热烈的祝贺"等祝贺语作为过渡，引起下文。

（2）概括说明被祝贺者取得的成绩，分析其成功的主观、客观原因和重大意义，并做出肯定性评价。这一部分是贺信的中心部分，当然，由于祝贺的对象和场合不同，不同类型的贺信侧重点也有很大的不同。祝贺会议的贺信，要概括出会议的主要内容以及召开的意义。祝贺寿辰的贺信，要以精练语言颂扬被祝贺者的高贵品质和突出贡献。写作时应注意，对被祝贺者的成绩评价要实事求是、恰如其分。

（3）表示热烈的祝贺，表达祝贺者的决心和希。要写出自己祝贺的心情，由衷地表达自己真诚的慰问和祝福。同时要写些鼓励的话，提出希望和共同理想。写作时也应注意，祝贺者表明决心和态度要切实可行，不要空喊口号。

4. 结尾

贺信的结尾需要写上祝愿的话。如"此致——敬礼""祝争取更大的胜利""致良好的祝愿"等。

5. 落款

贺信的落款要写明祝贺的单位名称或个人姓名，并署上成文的时间。

贺信写作要注意什么

贺信的写作有一些特定要求，写作时需要把握以下事项。

1. 内容真实

评价成绩时要恰如其分，不可空发议论，空喊口号。

2. 重点突出

尤其在写祝贺事实部分的内容时，要善于概括、抓住重点，条理要清晰、层次要分明，能够充分表现出被祝贺者或者单位的重大贡献与精神品质，能给人以鼓舞。

3. 语言精练

贺信的语言要简洁明快，切忌不可堆砌华丽的辞藻，篇幅要短小精悍。

4. 感情真挚

贺信是人们加强彼此联系、增强双方交流的一种交际手段，要体现自己真诚的祝福，表达真诚的敬意或合作意愿，所以感情要丰富充沛。

【例38-1】

××××杂志社：

我们怀着十分欣喜与钦佩的心情通知您，贵刊在刚刚结束的"中国期刊奖"暨"第二届全国百科重点社科期刊"评选中荣获"中国期刊奖"暨"第二届全国百种重点社科期刊"称号。在此，向贵刊表示衷心的祝贺与诚挚的敬意。

处于世纪之交的"中国期刊奖"与"第二届全国百种重点社科期刊"的评选，是本世纪最后一次对全国期刊界的检阅，承前启后，继往开来，预示着新世纪中国期刊进一步繁荣、腾飞的灿烂前景。吮吸着悠久历史的芬芳，孕育着时代奋进的精神，祝愿贵刊早日成为中国期刊之林的一棵参天大树。

中国××杂志社敬贺

××××年×月×日

【即学即练】

参照以上贺信范例，结合自身工作实际，撰写一份贺信，字数300字左右。

_____

_____

_____

_____

_____

_____

第三十九章

怎样写好邀请函

什么是邀请函

邀请函又称"邀请书"，是用来邀请对方参加纪念会，座谈会，学术研究会等活动使用的一种礼仪性的书信文体。

邀请函与请柬的相同之处在于，它们都是邀请有关人员参加某一活动的礼仪文书，都是为了表示邀请者的礼貌和郑重而制作的。但两种文体也有一定的区别。

1.邀请函的制发者一般是单位或团体，而请柬既可以是单位、团体发出的，也可以是个人发出的。一般来说，邀请函多用于集体，请柬则多用于个人。

2.邀请函的内容复杂，篇幅比请柬长。

请柬只要说明活动名称，时间，地点等，文字较少，内容相对简单。邀请函除此之外还要写明活动的主要内容并向被邀请者交代有关准备事项。邀请函一般还附有回执，请被邀请者回告能否按时出席，及对活动的建议和要求等。

3.就活动的性质而言，邀请函多涉及座谈会，学术研讨会等，这些活动均有一定的议项和议题；请柬涉及的一般是庆典，婚庆，寿礼，开业等。

4.邀请函一般不刻意追求外形的美观，请柬则特别注意外观的装饰性，对纸质的要求较高，印制较为精美。

邀请函的格式及写作要点

邀请函的结构与请柬相似，也是由标题、称呼、正文、结语和落款构成。

1. 标题

邀请函的标题一般直接写"邀请函"三字即可。字号较大，位于正文上方居中的位置。

2. 称呼

邀请函的称呼与请柬要求相同。

3. 正文

邀请函的正文一般要写明活动的名称，主要内容或议题，活动的具体时间、地点，对被邀请者的有关要求等。

4. 结语

邀请函的结语一般为"此致敬礼""致以崇高的敬意"等。

5. 落款

邀请函的落款在右下方写明邀请单位的名称及时间并加盖公章。

邀请函行文应当简洁明快，措辞文雅大方，书写工整美观，表现出对被邀请者的礼貌与恭敬。同时邀请函的发出时间不应过早（易被对方遗忘），也不应过晚（使对方措手不及，来不及准备）。这是秘书人员在写作时应注意的地方。

【例39-1】

××同志：

为了纪念××诞生一百周年，我会定于××××年×月×日至×日，在××举行××学术研讨会。您对××素有研究，我们希望您能莅临指导。如蒙应允，请在×月×日前来参加为盼。

报到地点：×××路××号××宾馆×××室。

报到时间：××××年×月×日上午×时

会议主题：×××× 联系人：×××

联系电话：×××××××× 电邮：××××××

　　　　　　　××学术研究讨论会筹备组（公章）

【即学即练】

　　参照以上邀请函范例，结合自身工作实际，撰写一份邀请函，字数200字左右。

_____

_____

_____

_____

第四十章

怎样写好请柬

什么是请柬

请柬又称"请帖"，"柬"是信件、名片、帖子的统称。是为邀请宾客参加某一活动时所使用的一种书面形式的通知。请柬在社会交际中用途广泛，如会议、典礼、宴饮、晚会等活动,用请柬邀请宾客表示隆重以及对宾客的尊重。请柬就是一种简便的邀请书。

近年来，随着人民生活水平的提高和公共社交礼仪活动的频率增加，请柬的使用范围已经十分广泛，波及家庭交际和私人来往。请柬不同于一般的书信。一般书信是由于双方不便或不宜直接交谈而采用的交际方式，而请柬即使近在咫尺也要送。这主要是表示对对方的尊敬。如学生与老师朝夕相处，但在中秋、元旦等佳节举行晚会时，总要给老师送上一张亲自设计、亲手制作的精致的请柬，以表达学生对老师最亲切、最友好的感情。

根据请柬的形式特点，请柬可分为卡片式请柬、折叠式请柬。

折叠式请柬根据开启的方式不同，又可分为左开式、右开式、下开式和镂空式等。

以请柬的书写形式来区分的有竖式请柬、横式请柬。习惯上，人们把竖式称为"中式请柬"，横式称为"西式请柬"。

根据请柬的内容性质，请柬可分为喜庆请柬、丧葬请柬、日常应酬请柬。

请柬的格式是怎样的

不管是哪一种形式的请柬，写作的基本格式都是相同的，由以下几个部分构成。

1. 标题

请柬的标题即在封面上写的"请柬"（请帖）二字。请柬标题一般要做一些艺术加工，如用美术字、烫金字及名家书法，还可以有图案装饰等。通常请柬已按照书信格式印制好，发文者只需填写正文即可。封面也已直接印上了名称"请柬"或"请帖"的字样。如果是卡片式请柬，也可以将"请柬"二字写在顶端第一行，字体较正文稍大。

2. 称呼

请柬的称呼与一般书信一样，要顶格写明被邀请者（单位或个人）名称，称呼后加冒号。

3. 正文

请柬的正文中要求包括以下两部分内容：

（1）交代邀请的活动内容，如开座谈会、联欢晚会、生日派对、国庆宴会、婚礼、寿诞等。

（2）交代举行活动的时间、地点，若有其他要求也需注明，如"请准备发言""请准备节目"等。如果是请人看戏或其他表演，还应将入场券附上。

4. 结尾

请柬的结尾要写上礼节性问候语或恭候语，如"致以——敬礼""顺致——崇高的敬意""敬请——光临"等，在古代这叫作"具礼"。

5. 落款

请柬的落款署上邀请者（单位或个人）的名称和发出请柬的日期。

请柬语言的写作要求

礼仪性越强的应用写作，其语言文字要求也必然越讲究、越严格，因为

请柬中的语言文字就是生活中的礼仪的体现。我国历史文化悠久，历来对语言文字的推敲十分重视，何况请柬是较庄重的一种文体，而且篇幅有限，所以要摒弃那些烦冗造作或干瘪乏味的语言。具体来说有如下几点。

1. 用语要准

要准确通顺，不要堆砌辞藻或套用公式化的语言。

2. 表意要雅

要讲究文字美。请柬是礼仪交往的媒介，乏味的或浮华的语言会使人很不舒服。

3. 叙述要顺

不可为求"雅"而去追求古文言。要尽量用新的、活的语言。古朴典雅的文言语句可偶尔用之，但需恰到好处。

4. 效果要佳

整体来讲，要根据具体的场合、内容、对象、时间认真地措辞，做到简洁明确、庄重文雅、大方热情。

请柬写作的注意事项

请柬是一种较为特殊的文体，形式、内容与其他文体有着较大的区别。秘书人员在拟定请柬时，要把握如下几点。

1. 注意文字美、设计新，突出"雅""达"两字

"雅"就是文字优美，请柬是礼仪交往和公关活动的媒介，语言平淡或浮华，均会使人感到不快，影响情绪。"达"就是语言通顺明白、热情大方，避免堆砌辞藻或套用公式化的语言。

设计新，从邮电部新发行的三种专用卡的设计上就可说明其重要性。

2. 注意请柬的发送范围

不是所有大型活动都可以发请柬。以下几种情况不宜发请柬：一是很普通的活动或聚会；二是活动的性质极其严肃、郑重，对方又不是作为客人被邀请的，如公判会、法院开庭等；三是开追悼会。

3.时间

请柬最后落款的时间可写可不写。但邀请对方赴约的时间千万不能忘记或写错。

收到请柬后，不论是接受邀请或辞谢邀请，均要给予明确的答复。尤其是对邀请人特别要求回复的，如婚宴、宴请等，应立即电复或函复，并核对时间。

接受邀请的回复格式：

×××：

请柬收到，十分感谢您的盛情。本人×月×日时当准时参加。特此谨致。

老友×××

×月×日

谢意谢绝邀请的回复格式：

×××：

请柬收到，十分感谢。无奈届时出差远行，无法按时赶回参加令嫒婚宴，深表歉意。今送上贺礼一份，祝新婚夫妇快乐，相亲相爱。

老友×××

×月×日

【例40-1】

正面：　　　　　　　　　　　　　反面：

新春作者联谊会 请柬 ×× 出版社	×××× 年春节即将到来，为感谢您对我社工作的大力支持，现定于 ×××× 年 × 月 × 日下午 × 时在 ×× 电影院举行新春作家联谊会，会后放映电影 ××，敬请莅临并盼望对我社工作继续给予关心和支持。祝新春愉快！（附上电影票 × 张） ×××× 年 × 月 × 日（章）

【例40-2】

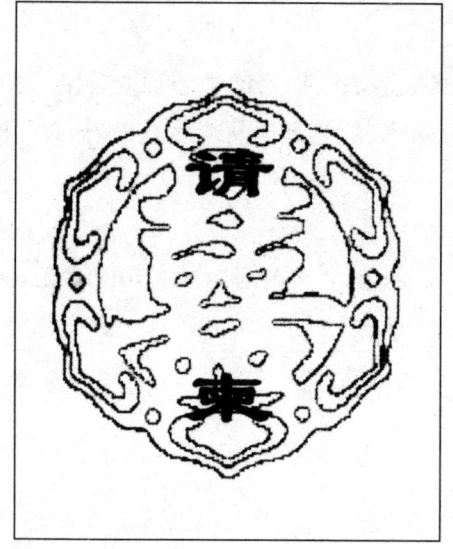

谨订于公元二〇〇五年四月十六日

十一时五十八分在 长城宾馆牡丹厅

举行 长男孙×× 结婚典礼仪式

与赵××

届时恭请王×× 先生携夫人光临

孙×× 敬呈

二〇〇五年四月九日

【即学即练】

参照以上请柬范例，结合自身工作实际，撰写一份请柬，字数200字左右。

_____

_____

_____

_____

_____

附一 秘书公文写作格式标准总例

公文格式分为眉首、主体、版记三部分。置于公文首页红色反线（又称"隔横线"）以上的各要素统称眉首；置于红色反线（不含红色反线）以下至主题词（不含主题词）之间的各要素统称主体；置于主题词以下的各要素统称为"版记"。

一、眉首

一般由公文份数序号、秘密等级和保密期限、紧急程度、发文机关标识、发文字号、签发人、红色反线等要素构成。

1.公文份数序号。用阿拉伯数字顶格标识在版心左上角第一行，采用红色号码机套印。

2.秘密等级和保密期限。绝密、机密的公文应当标明份数序号。公文如需标识密级，用三号黑体字，顶格标识在版心右上角第一行，并且标识密级的两字之间需空一字，如需同时标识密级和保密期限，则两项同用三号黑体字，并且密级在前，保密期限置后，密级和保密期限之间用"★"隔开。标注密级的同时应标注保密期限。期限不作标注的一般按保密期20年认定，如"机密★3年""绝密★长期"。

3.紧急程度。紧急程度分为"特急""急件"两种。如需标识紧急程度，用三号黑体字，顶格标识在版心右上角第一行，并且标识紧急程度的两字之间需空一字；如需同时标识密级、保密期限和紧急程度，则密级和保密期限顶格标识在版心右上角第一行，紧急程度顶格标识在版心右上角第二行。

4.发文机关标识。发文机关标识由发文机关全称或规范化简称加"文件"组成，某些特定的公文可只标识发文机关全称或规范化简称，不加"文件"字样，比如"函"；"命令（令）""会议纪要"除标识发文机关全称或规范化简称外，还应加上文种。发文机关标识上边缘至版心上边缘一般为25mm；上报的公文，发文机关标识上边缘至版心上边缘为 80mm。"函"的发文机关标识上边缘距上页边的距离为 30mm。发文机关标识原则上应使用小标宋体字和红色标识，字号以醒目美观为原则由发文机关酌定，但一般应小于 22mm×15mm。联合行文时应使主办机关名称在前，"文件"二字置于发文机关名称右侧，上下居中排列。

5.发文字号。由发文机关代字、年份和序号组成。发文字号一般在发文机关标识下两行，用三号仿宋体标注并居中排布。"会议纪要"编号置于"会议纪要"标识之下、红色反线之上正中间。联合行文一般只标明主办机关发文字号。机关代字一般可取机关名称前一个或两个字，但要注意与名称相近的其他机关相区别。年份、序号用阿拉伯数字标识；年份应标全称，用六角括号"〔 〕"括住；序号不编虚位（即 1 不编为 001），不加"第"字。

6.签发人。上报的公文需标识签发人姓名，签发人姓名平行排列于发文字号右侧。发文字号居左空一字，签发人姓名居右空一字；"签发人"用三号仿宋体字，"签发人"后标全角冒号，冒号后用三号楷体字标识签发人姓名。如果是联合行文，则有多个签发人，这时，主办机关签发人姓名置于第一行，其他签发人姓名从第二行起在主办机关签发人姓名之下，按发文机关顺序依次顺排，下移红色反线，并使发文字号与最后一个签发人姓名处在同一行并使红色反线与其距离为 4mm。

7.红色反线。一般标印在发文字号之下 4mm 处，其长度与版心等宽（即 156mm）。

二、主体

一般由标题、主送机关、正文、附件、成文时间、印章、附注等要素构成。

1.标题。公文标题由发文机关名称、公文主题和文种构成；也可由发文机关、文种构成。公文标题中除法律、法规、规章名称加书名号外，一般不使用标点符号。书写批转、转发、印发或贯彻上级机关发出的公文的标题，应将事由写清楚，而不能只写原文发文字号。在公文处理实践中，人们总结出约定俗成的固定用语，比如下发行政法规、规章的公文标题用"发布"，下发隶属机关的公文标题用"批转"，下发上级、同级和不相隶属机关的公文标题用"转 发"等。公文标题一般标识在红色反线下空两行处，用二号小标宋字居中排布。如果字数偏多，需要分行排列，分行时注意不要把各行上下对齐排成等长，更不能将两个字以上的词拆开排在不同行的首尾。

2. 主送机关。指公文的主要接受机关，应当使用全称或规范化简称、统称。如主送机关较多，则应按其性质、级别和有关规定或惯例依次排列，同性质或同级别的机关之间用顿号，不同性质或不同级别的机关之间用逗号。主送机关一般在标题下空一行、左侧顶格用三号仿宋体字标识，回行仍顶格，最后一个主送机关名称后标全角冒号。向上级请示只写一个主送机关；向下级部门机关发文，如果发送机关少，可将发送机关名称全部写上，发送机关多，可采用

"各有关部门和单位"等办法概写。

3. 正文。是公文的主体部分。正文应置于主送机关下一行，用三号仿宋体，每自然段左空两字，回行顶格；数字、年份不能回行。引用公文应当先引标题，后引发文字号；引用外文应当注明其中文含义；日期应当写明具体的年、月、日；必须使用国家法定计量单位。文内如果要使用非规范化简称，必须在首次使用全称的同时注明简称，公文中的数字，除成文日期、成语、缩略语等外，一般使用阿拉伯数字。用数字表示多层次结构序数，其标识方法为：

第一层用"一""二""三"……

第二层用"（一）""（二）""（三）"……

第三层用"1""2""3"……

第四层用"（1）""（2）""（3）"……

4. 附件。是正文的附属部分，公文如有附件，应在正文下空一行左空两字的位置用三号仿宋字标识"附件"，后标全角冒号和名称。附件名称后不加标点符号。如有两个或两个以上附件，则应在附件名称前标明序号，序号使用阿拉伯数字，如"附件：1.××××××2××××××"。

附件应在公文成文日期之后，另起一页与正文一起装订，并在附件左上角第一行顶格标识"附件"，有序号时还要标识序号，比如"附件1""附件2"等。如果附件与公文正文不能一起装订，应在附件左上角第一行顶格标识公文的发文字号并在其后标识附件（或带序号）。

5. 成文时间。以负责人签发的时间为准。联合行文以最后签发机关负责

人的签发时间为准。公文成文时间用汉字将年、月、日标全，零写为"○"，一般置于正方右下方，具体的上下位置依章来定，左右位置由字数来定。

6.印章。公文除用"令"发布行政法规、规章，按照法定程序向同级人民代表大会或其常务委员会提请审议事项的议案和少数函件用领导同志签名章外，均应加盖发文机关印章。联合上报的公文由主办机关加盖印章；联合下发的公文，发文机关都应加盖印章。如需用别的印章代替时，应注明"代"字。单一机关制发的公文在落款处不署发文机关名称，只标识成文时间并加盖印章。成文日期右空四字。联合行文需加盖两个印章时，应将成文时间拉开，左右各空七字。当公文排版后所剩空白处不能容下印章位置时，应采取调整行距的措施加以解决，务必使印章与正文同处一面，不得采取标识"此页无正文"的方法解决。

7.附注。一般是对公文的发放范围、使用时需注意的事项等情况的说明，比如"此件发至省、军级""此件发至县、团级"等。公文如有附注，一般用三号仿宋体字，居左空两字加圆括号标识在成文时间下一行。请示性公文应当在附注处注明联系人和联系电话。

三、版记

版记一般由主题词、抄送机关、印发机关和印发时间、份数、反线等要素构成。版记应置于公文的最后一页。

1.主题词。是反映公文主要内容的规范化名词或名词性词组，上行文应按照上级机关的要求标注主题词。"主题词"用三号黑体字，居左顶格标识，后标全角冒号。词目用三号小标宋体字，词目之间空一字。主题词应先标反映公文内容的词，后标反映公文种类的词。一般情况下，一篇公文可标一到五个主题词。主题词之间不用标点分隔，而是彼此间隔一个字的距离。主题词应置公文最后一页的下半部，即成文时间的右下方以及抄送机关的左上侧。

2.抄送机关。应根据公文内容、发文目的相隶属关系严格控制，其排列顺序一般为：上级机关单排一行，党政机关、军事机关、人民团体、民主党派合排一行，人大、政协、法院、检察院等合排一行，其他单位合排一行。公文如有抄送，则在"主题词"下一行，左空一字用三号仿宋体字标识"抄送"，后标全角冒号；抄送机关间用逗号隔开，回行时与冒号后的抄送机关对齐；

在最后一个抄送机关后标句号。

3.印发机关和印发时间。印发机关多数不以行文机关名称出现，而只用机关办公室名称。印发机关位于抄送机关之下，占一行位置，用三号仿宋体字。印发机关左空一字，印发时间右空一字。印发时间以公文付印的日期为准，用阿拉伯数字标识。

4.份数。置于印发时间之下，右空三字，用三号仿宋体字和阿拉伯数字标识。

5.反线。版记中主题词、抄送机关、印发机关和印发时间等要素之下分别加一条反线，其宽度等同于版心。

四、公文的用纸格式

公文用纸采用 GB/T148 中规定的 A4 型纸，其成品幅面尺寸为：210mm×297mm。当前很多单位用幅面为 184mm×260mm 的纸张，应改过来。张贴公文的大小，可根据实际需要确定。

公文用纸天头（上白边）为：37mm±1mm，用纸订口（左白边）为28mm±1mm，版心尺寸为 156mm×225mm（不含页码）。

五、公文的印装格式

公文的排版格式，正文用三号仿宋体字，一般每面排二十二行，每行排二十八个字。

公文的印刷要求是，双面印刷。

公文的装订要求是，左侧装订，不掉页。骑马订或平订的订位为两钉钉距钉眼距书心上下各四分之一处。平订钉距与书脊间的距离为 3mm—5mm。

附二　常用校对符号一览表

序号	符号形态	符号作用	符号在文中和页边用法示例	说明
1		改正	增高出版物质量。（提） 改革开放（放）	改正的字符较多，圈起来有困难时，可用线在页边画清改正的范围 必须更换的损、坏、污字也用改正符号画出
2		删除	提高出版物物质质量。	
3		增补	要搞好校工作。（对）	增补的字符较多，圈起来有困难时，可用线在页边画清增补的范围
4		改正上下角	$16=4^2$　② H_2SO_4　④ 尼古拉·费欣　□ $0.25+0.25=0.5$　□ 举例①$2\times3=6$　① $X①Y=1:2$　①①	
5		转正	字符颠画要转正	
6		对调	认真经验总结。 认真验结经总。	用于相邻的字词 用于隔开的字词
7		接排	要重视校对工作， 提高出版物质量。	
8		另起段	完成了任务。明年……	

272

9		转移	校对工作，提高出版物质量要重视。 "以上引文均见中文新版《列宁全集》。 编者　年　月 …… 各位编委：	用于行间附近的转移 用于相邻行首末衔接字符的转移 用于相邻页首末衔接行段的转移
10	⎍ 或 ⎍ ↑　　↓	上下移	序号　名称　数量 01　显微镜　2	字符上移到缺口左右水平线处 字符下移到箭头所指的短线处
11	↔ 或	左右移	← 要重视校对工作，提高出版物质量。 3 4　5 6 5 欢呼　飘唱	字符左移到箭头所指的短线处 字符左移到缺口上下垂直线处符号画得太小时，要在页边重标
12	= ‖	排齐	校对工作非常重要。 必须提高印刷质量，缩短印制周期。　国家标准	
13	⌐	排阶梯形	RH₂	
14	↑	正图		符号横线表示水平位置，竖线表示垂直位置，箭头表示上方
15	∨ ＞	加大空距	← 一、校色程序 →　∨ 校对胶印读物、影印书刊的注意事项：　＞	表示在一定范围内适当加大空距 横式文字画在字头和行头之间

273

16	∧ ＜	减小空距	一、校对程∧序 ∧ 校对胶印读物、影印＜ 书刊的注意事项。 ＜	表示不空或在一定范围内适当减小空距 横式文字画在字头和行头之间
17	♯ ⯏ ⯑ 丰	空 1 字距 空 1/2 字距 空 1/3 字距 字 1/4 字距	第一章校对职责和方法♯ 1.责任校对	多个空距相同的，可用引线连出，只标示一个符号
18	Y	分开	Good morning！ Y	用于外文
19	△	保留	认真搞好校对工作。	除在原删除的字符下画△外，并在原删除符号上画两竖线
20	○＝	代替	○色的程度不同，从淡○色到深○色具有多种层次，如天○色、湖○色、海○色、宝○色…… ○＝蓝	同页内有两个或多个相同的字符需要改正的，可用符号代替，并在页边注明
21	○ ○ ○	说明	改黑体 第一章 ⟨校对的职责⟩	说明或指令性文字不要圈起来，在其字下画圈，表示不作为改正的文字。如说明文字较多时，可在首末各三字下画圈